图解 精益制造068

丰田式 5W1H思考法

トヨタ式5W1H思考
カイゼン、イノベーションを生む究極の課題解決法

[日] 桑原晃弥 著
刘晓霞 译

人民东方出版传媒
People's Oriental Publishing & Media
東方出版社
The Oriental Press

图字：01-2020-7434 号

图书在版编目（CIP）数据

丰田式 5W1H 思考法 /（日）桑原晃弥 著；刘晓霞 译. —北京：东方出版社，2021.6
（精益制造；068）
ISBN 978-7-5207-2082-3

Ⅰ.①丰… Ⅱ.①桑… ②刘… Ⅲ.①丰田汽车公司—工业企业管理—经验 Ⅳ.①F431.364

中国版本图书馆 CIP 数据核字（2021）第 078338 号

精益制造 068：丰田式 5W1H 思考法
（JINGYI ZHIZAO 068：FENGTIANSHI 5W1H SIKAOFA）

作　　者：[日] 桑原晃弥
译　　者：刘晓霞
责任编辑：崔雁行　吕媛媛
责任审校：曾庆全
出　　版：东方出版社
发　　行：人民东方出版传媒有限公司
地　　址：北京市西城区北三环中路 6 号
邮　　编：100120
印　　刷：北京文昌阁彩色印刷有限责任公司
版　　次：2021 年 6 月第 1 版
印　　次：2021 年 6 月第 1 次印刷
开　　本：880 毫米×1230 毫米　1/32
印　　张：7.625
字　　数：145 千字
书　　号：ISBN 978-7-5207-2082-3
定　　价：58.00 元
发行电话：（010）85924663　85924644　85924641

前　言

丰田有一套独特的语言体系，被称作“丰田语”。除了目前广为流传的“看板”“安灯（ANDON）”“可视化”之外，还有“号口”“号试”等一般难以理解的词语。还有一些词语采用的读音相同，使用的汉字却不同，如“自働化”与“自动化”，“少人化”与“省人化”，“口数低减”与“工数低减”等。

同时，有些话尽管为大家所熟知，对丰田的意义却完全不同。本书书名中的“5W1H”即是其中的典型。

一般来说，“5W1H”是指时间（What）、地点（Where）、人物（Who）、事件（What）、原因（Why）和如何做（How）。但是在丰田，“5W1H”是指为什么（Why）、为什么（Why）、为什么（Why）、为什么（Why）、为什么（Why）和如何做（How）。

丰田认为，重复问五遍“为什么”就能找到问题的真正原因。普通的“5W1H”中只问一次“为什么”，丰田的思维则是通过多次重复追问“为什么”来找到问题的表面原因，并进一步发现真正原因。

丰田为什么如此执着地重复追问“为什么”？其理由可以从大野耐一先生（丰田式的奠基人）的名言“修缮与修理不是一回事”中窥得一二。

“当机械发生故障时，如果只替换零件，采取应急处理措施，（由于没有找到真正原因）很快还会发生故障。这是修缮，不是修理。修理是找到真正原因，防止再次发生同样的故障。”

——大野耐一

例如，当生产一线出现次品时，人们容易认为不管“为什么”，立刻采取应急处理措施是最高效的。但丰田认为，花时间多问几个“为什么”再进行改善，才能最终避免发生同样的故障，提高工作效率与产品品质。

亚马逊创始人杰夫·贝佐斯（Jeff Bezos）引入了这种丰田式做法。在亚马逊的创业期，一旦发送商品的现场发生故障，贝佐斯就会亲自前往故障现场，通过重复追问“为什么”找出改善对策。从那之后，除了处理故障，在对待客户提出的问题上，亚马逊也一直非常重视“无论什么事，都要追溯到根本原因上”。

在商业领域，我们每天都会遇到各种各样的问题、事故和投诉抱怨，此时最重要的是多花点时间认真追问“为什么”。当今时代倾向于追求速度和效率，但“表面的效率”只能在最初快速解决问题，后续还是会浪费大量的时间。不在同一问题上重复浪费时间，才是真正有效率。

所以，遇到问题先不要急着解决，首先问几个“为什么”，养成这种习惯很重要。重复追问“为什么”能够提高工作质量，进而提高我们自身解决问题的能力。

希望本书讲解的“丰田式5W1H思考法”能为你的工作方式和生活方式带来转变和创新，起到良好的提示作用。

桑原晃弥

2018年9月

目　录

序　章

丰田看待问题的角度

第 1 章

丰田式5W1H 思考法不允许“没办法”

第 2 章

利用丰田式5W1H 思考法使不可能成为可能

第 3 章

利用丰田式5W1H 思考法改善工作现场

第 4 章

利用丰田式5W1H 思考法推动工作方式改革

第 5 章

利用丰田式5W1H 思考法进行创新

序　章

丰田看待问题的角度

第 1 节 没有问题比出现问题更危险

对企业管理者而言，没有什么比“出问题了”这句话更让人心惊胆战的了。对于希望安然无事、进展顺利的人而言，“出问题了”是一种惊吓，更是令人头痛的瞬间。

问题意味着“麻烦”，看到了也想当作没看到，能拖则拖。希望尽早、快速解决无论如何都躲不开的问题，这是一般人的思维方式。

丰田的思维方式则相反。下面，举一个曾经发生在丰田的真实案例。

一个年轻的丰田人想到了一个好主意，听了这个好点子的与会人员不仅没有提出反对意见，甚至一致认为那是个很棒的想法，必须立刻实施。但是收到报告的大野耐一先生却表达了忧虑：

“没有异议就等于放跑了异议。如果你们没有异议，那就去创造异议，弄清楚异议之后再去做。”

无论多么出众的想法，实施起来都会遇到各种各样的问题。届时，只有提前设想到问题才能快速应对处理，如果忽略了这一点，发生问题时就会手忙脚乱，要么处理错误，要么浪费时间。

换言之，对于丰田而言，问题是“理所当然”的存在。绝大多数情况下，“没有问题”就意味着“没有看见问题”或者“潜藏着问题”。

有一种说法是丰田式中有三个“KIKU（きく）”，分别是“聞く”、“聴く”和“訊く”[①]，表示“听人说话”时的不同姿态。

这是丰田管理人员为了协助进行生产改革参观合作公司时发生的事。来到现场的管理人员召集了现场的负责人，并问他们有没有遇到什么问题（提问）。负责人列举了两三个问题，然后回答“没有其他问题了”。当时，能够做到这一步的生产现场，已经算是相当优秀的了。

但丰田的管理人员却认为不应该这样，于是开始更详细地追问“仓库的整理整顿情况怎么样了?”“不良率怎么样了?”“生产计划进展顺利吗?”（询问），进一步找出了二三十个问题。随后，通过一边和负责人巡视工厂，一边问“这里怎么样了?”“这方面进展如何?”，管理人员很快又发现了一百多个问题

① 这三个词在日语中的发音相同，都是“KIKU”，意思分别是“提问”、“询问”和“追问”。——译者注

(追问)。

对于在这个工厂里工作的人来说，问题是不好的存在，他们不希望出问题，也没有养成问“为什么”的习惯。因此，他们要么注意不到问题，要么即使注意到了也会认为某种程度的问题没什么大不了，倾向于就此打住。在这种情况下，即便询问他们也只能得到“什么问题都没有”的回答。

而对于丰田的管理人员而言，有问题是很自然的。尤其是生产现场，没有哪个生产现场能够保证一天里什么状况都不发生。人只要工作，就可能会因为身体不舒服而无法按照自己的意愿工作，甚至可能会疏忽大意，忘掉重要的事情。机械也是如此，只要维护上稍有懈怠，就无法按照设定进行工作。

换句话说，如果要认真列出问题点，那么问题点应该有无数个，是写不尽的。忘记这一点，认为“没有问题”，只会错过难得的解决问题的机会（改善的机会），这就是丰田式思维。

没有问题也要找出问题并进行改善。对于大多数人而言，问题要尽可能避开，但是对于企业家而言，问题是理所当然的存在，积极把问题视作改善的机会非常重要。

第 2 节 通过重复问五次“为什么”找出问题的真正原因

丰田的基本做法之一是“只要出现问题，就立刻停下生产线”。

生产现场出现残次品时，一般的企业会把残次品放到生产线的边角上继续生产，过后再进行纠正，不会停下生产线。而丰田的做法是彻底贯彻“只要出现问题，就立刻停下生产线”的原则，以便让大家看清出现的问题并彻底调查出现问题的真正原因，通过改善工序等避免出现同样的问题。

如果出现残次品却照旧开动生产线，那么就没有人会意识到“出现问题了”，也就没有人会想方设法进行改善。只有让大家都看到哪里出了问题，才能集思广益、有效改进。

通过重复这种做法，工序将越来越完善，产品也将越来越优良，这就是丰田“在工序中创造质量”的思维方式。

按照丰田的思维方式，不仅是生产现场，所有部门出现问题后都可以贯彻执行三步走的做法：

① 让大家看到问题；

② 彻底调查问题的真正原因；

③ 切实改善以免再次发生同样的问题。

这三个流程中，最重要的是②彻底调查问题的真正原因。不仅是生产现场，任何企业在遇到问题时都会调查原因并采取措施，但这个“原因”是表面原因还是真正原因，其中的差别很大。

大野耐一一直强调，面对一个事物和现象，重复问五次“为什么”非常重要。在此介绍一个经典案例：机器停止运转时的“五次为什么”。

（1）机器为什么停了？

因为超负荷，保险丝熔断了。

（2）为什么会超负荷？

因为轴承部位的润滑不到位。

（3）为什么润滑不到位？

因为润滑泵抬得不够高。

（4）为什么润滑泵抬不高？

因为泵的轴磨耗，咔咔响。

（5）为什么会磨耗？

因为没有安装过滤器，切削碎末掉进去了。

这就是大野耐一先生著名的“五次为什么”。通过（1）～（5）可以发现，如果只停留在第一个“为什么”上，工人一般会采取更换保险丝的对策。诚然，保险丝熔断是机器停止运转的原因之一，更换保险丝能让机器正常工作，生产线也能很快运转起来。

从这一点来看，这种处理方式正是生产现场希望做的迅速处理，但“保险丝熔断”只是“原因”，不是“真正原因”。不找出真正原因，只针对原因采取措施的处理方式并不彻底，因为说不定什么时候保险丝还会熔断，机器还会停转。“机器停止运转→更换保险丝→机器正常运转”，这种不断重复的处理方式是丰田最厌恶的。

最后，通过第五次询问“为什么”，工人找出了真正原因，即“没有安装过滤器”。这意味着安装过滤器后保险丝很难再熔断，也不再需要重复“机器一旦停止运转就更换保险丝”的应急处理措施。

出现问题后不急于针对表面原因采取措施，而是花时间反复问五次“为什么”直到找出真正原因，并针对真正原因加以改进，这就是丰田解决问题的方法，即“丰田式5W1H思考法”。

它的意思是：通过询问五次“为什么（Why）”找到怎么做（How）。

第 3 节 落实“丰田式5W1H 思考法”的三个要点

出现问题时反复问五次“为什么”，直到找到问题的真正原因，这就是“丰田式 5W1H 思考法”。但在现实中，找到问题的真正原因并反复问“为什么”并不容易。以下，是贯彻落实“丰田式 5W1H 思考法”的三个要点。

（1）不要轻易认同说“啊，原来是这样”。

据跟随大野耐一普及丰田式做法的有经验的丰田人讲，五次“为什么”中有一句“禁语”，那就是“啊，原来是这样”。

以第 2 节中的“机器停止运转”为例。通过调查发现，机器停止运转的原因是“保险丝熔断了”，这时候如果表示认同说“啊，原来是这样”，人的大脑就会停止思考，不会再继续追问“为什么”了。

苹果公司创始人史蒂夫·乔布斯（Steve Jobs）曾说：**“乍一看到某个问题，你会觉得它非常简单，但那只是因为你没有认识到它的复杂性。”**

大多数人只会停留在思考某个问题本身的解决方案层面上，而真正能解决问题的人会进一步深入分析，找出根本问题，进而找到任何层面都通用的、完美的解决方案，这就是乔布斯解决问题的方法。

与之相同，在丰田，如果针对一个问题只问一次或两次“为什么”，找到一个非常明显的原因就点头表示认同，那么即使停转的机器恢复正常运转，也会因为没有找出真正原因而在不久之后出现同样的问题。

为了避免出现这种情况，找到某个原因后请不要轻易表示认同，要重复问一问：“是否还有其他原因？为什么？”

（2）问题是“逮住现行犯”。

重复问“为什么”时有一个很重要的态度，那就是贯彻“现地现物”并“逮住现行犯”。“现地现物”是指到现场去，一边观察实物，一边进行思考。“逮住现行犯”是指尽可能全天盯着现场，直到亲眼看到问题发生的瞬间，抓住出现问题的人或物。

例如，某工厂生产的几辆汽车的车门附近出现了小伤痕。虽然伤痕非常小，完全可以靠涂装来掩盖，但丰田的负责人还是立刻赶到生产现场，对伤痕的位置、大小等进行了检查，发现伤痕在右侧车门的车把手下方。

负责人一边反复思考“为什么会产生伤痕”，一边仔细观察现场工人们的作业姿势。突然，他注意到了一位工人皮带的带扣。他认真观察带扣的高度、大小和这位工人作业时的姿势，发现车门在这位工人之前的作业中还没有伤痕，但经过这位工人的作业后车门有时会出现伤痕。

也就是说，原因在于作业时的姿势。工人作业时往往会改变作业姿势，导致皮带的带扣碰到车门，留下小小的伤痕。负责人立即指导这位工人纠正作业姿势，提示其更换皮带的带扣。此外，负责人还提醒全体工作人员不要让皮带的带扣伤到汽车，将带扣换成碰到汽车也不会留下伤痕的。

重复问五次“为什么”不能纸上谈兵。亲自到发生问题的现场，一边观察实物，一边待在现场，直到亲眼看到问题发生的瞬间，这种“现地现物”“逮住现行犯”的态度非常重要。

出现问题时，有的企业会把调查任务交给现场，本应该跑在前头的管理人员却只等着看报告。在这种前提下，即使找到了原因，也不是问题发生的真正原因。此时采取的措施，只能是暂时性的。

亲眼看到问题发生的瞬间并不容易，但“现行犯”掌握的事实一定是最真实的。彻底贯彻以“现地现物”为前提的“重复问五次‘为什么’”，才是丰田式的“5W1H”。

（3）贯彻“一直找，直到找到真正原因”的态度。

如果在执行“丰田式 5W1H 思考法”的过程中，无论反复追问多少次“为什么”、怎么实地调查实物都找不到问题的真正原因，我们应该怎么办？

这是丰田人A指导合作公司引入“看板”时发生的故事。该公司的员工不习惯“看板”，所以“看板”经常失踪。在丰田模式中，“看板”是生产中不可或缺的物品，没有“看板”是不被允许进行生产的。A认为“看板”相继失踪影响了生产，但又没什么办法，于是相比于花时间寻找，他选择了再次分发“看板”。

如此一来，就导致了生产的浪费。大野耐一知道此事后非常愤怒，命令A把看板都找回来。然而，A找了几个小时还是没有找到，于是向大野耐一报告。大野耐一对A说：

“只找了一两个小时就来报告‘找不到’，这像话吗？你知道为什么找不到吗？原因很简单，因为你没有一直找，直到找到它。”

于是，A又花时间四处寻找，终于在装有零部件等物品的箱子下方找到了“看板”。原来，在堆叠装有“看板”的箱子时，因为上面沾有油等液体，看板粘到了箱子底下。

为了避免“看板”再次失踪，A采取了诸多改善措施。从那以后，“看板”再也没有失踪过。找到真正原因不是一件容易的事，一旦在中途止步，就永远无法找出真正的原因，也不会有真正的改善。“五次”的意思不是“到五次为止”，丰田对“5W1H”的基本态度是反复追问“为什么”，直到找出真正原因。

第4节 不要忘记“5W”之后还有“1H”

丰田式做法的代表性措施之一是“可视化”。如今，很多企业都引入了“可视化”，却忘了其原本的目的是什么，“重复问‘为什么’”就存在这种问题。

某企业在有货物入库时会扫描条形码进行登记，然后用电脑把这些数据做成漂亮的表格，一边看着表格，一边在会议室里开会。然而，他们到底是为了什么而采取“可视化”的呢？

只要去这家企业的生产现场看一看，你就会发现他们的仓库里堆积着大量库存，上面布满灰尘，根本不能使用。但即使是这种库存，在电脑上也是用和新品一样的数据记录着，包含在相同的图表里。

有一天，为该公司提供指导的丰田人提出要去检查一下该公司的仓库状况：

“看见问题却不采取措施，就干脆不要搞‘可视化’，那样更幸福。这种不是‘可视化’，而是做给人看的‘展示化’。”

“可视化”的目的不是制作精美的图表。

为了减少库存，尽可能直观地让大家看到库存情况，进而认真探讨减少库存的策略，这才是“可视化”的真正目的。把真正目的抛之脑后，只关注且满足于如何制作精美的图表，这种做法完全背离了“可视化”的初衷。

原本用于达成某种目的的手段不知何时却变成了目的，这种情况并不少见。在执行“5W1H”时也会出现这种问题：明明通过“5W”找到了真正原因，却很难施行改进措施，无法从根本上解决问题。

例如，能在自己部门或者工厂中找到真正原因并采取改善措施是很幸运的，因为一旦在追求真正原因的过程中发现涉及其他部门或其他工厂，甚至其他合作公司，那就会很麻烦。因为这种部门之间、企业之间的交涉与调整非常麻烦，所以有些人只在自己能接触的范围内追求“原因”，停留在范围内的“改善”层面。

在丰田看来，这种程度的改善也能解决问题，不去做额外的事就不会积累压力。但是这种半途而废的改善只是一种“修缮”，并不是追问真正原因的“修理”。

“丰田式5W1H思考法”中非常重要的一点是“重复问五次‘为什么’”，不拘泥于部门之间的壁垒，尽可能追溯源流，直到找出真正原因。找出真正原因后，无论解决起来多么困难，都要有认真思考改善措施并切实执行的决心。

也就是说，“5W”与“1H”是一个完整的体系。

世界上本来就有很多问题是找到原因也无法轻易解决的。如果认命，认为“没办法，就这样吧”，问题就始终是问题，这也是困扰很多人的地方。

年轻的丰田人 A 经常被上司布置一些难度很高的课题。A 拼命努力思考，却始终找不到答案。他也和周围的人商量过，然而答案还是“很困难”。于是，A 找到上司，举出了五个做不到的理由。上司对他说：“无论你的理由多么完美，问题始终没有解决。我会交给其他人，你不用管了。”

被劈头盖脸骂一顿或被命令“必须做到”都很打击人，被上司放弃说“行了，算了”也是一样。A 备受打击，非常失落。

第二天，上司招呼他说：“我们一起来想办法，一起努力就没有做不成的事。做着做着，答案就慢慢浮出水面了。”

重要的不是找做不到的借口，有问题就意味着有人正在经受困扰。找借口并不能解决问题，所以无论多么困难都必须有人想办法解决，这就是丰田式思考。“5W”是一种非常重要的措施，但不要忘记“5W”后面还有“1H”。

第 1 章

丰田式5W1H 思考法不允许“没办法”

摆脱“这点问题就放过吧”“这种程度在容许范围内”的想法

有人认为：想让不良品为零，除非不生产。换言之，只要生产，就一定会产生不良品。一句“这是没办法的事”，透露出了对轻微不良品“睁一只眼闭一只眼”的想法。

去拥挤混乱的大型医院看病不得不等待一两个小时是大众熟悉的场景之一。刚进入公司的新职员犯错后，我们也经常能听到“他是个新人，还不习惯，这次就睁一只眼闭一只眼吧”的说法。

诚然，拜这种“宽容”所赐，世界得以圆滑运转：如果大家都“不允许出现任何不良品”“不允许出现任何错误”，工人们就只能被迫在过度紧张中工作；如果企业以“零失误”“零不良品”为目标增加人手，就只能提高成本。这样一来，问题就很棘手了。

那么，“零失误”和“零不良品”真的很难做到吗？对此，我推荐引入“丰田式 5W1H 思考法”。

人只要工作就可能出现失误，导致不良品的产生。但如果以“在所难免”为借口糊弄过去，就无法减少失误和不良品。反之，通过反复问“为什么会出现失误”“为什么会产生不良品”可以有效帮助工人们找到真正原因，进而逐渐减少失误和不良品。

面对失误和不良品，是以“就这样吧”“出现这种情况也没办法”的想法糊弄过去，还是不停地思考“为什么”“有没有什么办法能够降低失误和不良率”，这种态度的差异、思维意识的差别会逐渐拉开企业间的差距，最终积少成多，让企业的发展天差地别。

Case 1 将失误归因于尚未适应、注意力不足

仓库是放置零部件、部材的地方，尚未适应的新人很难弄清楚什么东西在什么地方，更不用说要从堆积如山的相同产品中迅速找出一定数目的特定产品了。

1988年，丰田在美国建立肯塔基州工厂并开始生产。建厂之初，录用的工人中有95%是第一次从事制造业工作，而且还是在汽车工厂。优点是工人们不会有先入为主的观念，缺点是工厂不得不从零开始教导他们学习丰田生产方式，颇费了一番功夫。

据担任该工厂负责人的张富士夫（后任丰田社长）说，其中最麻烦的是发生故障等问题时的处理方式。在美国，出现问题意味着要裁员，而在丰田看来，问题代表着改进的机会。该工厂一开始的课题，就是如何把这种差异明确告知工人。

当时，工厂里发生过弄错黏合剂的问题。机盖的外部与内部均有骨架，焊接之前要用胶水粘在一起，且外部骨架和中央

骨架使用的胶水不同。然而，资材管理人员从仓库里拿黏合剂的时候弄混了。

负责资材管理的课长是个美国人，他立刻将犯了错误的负责人叫过去狠狠训斥了一番。张富士夫听说此事后深知“开头是最重要的”，于是把课长和负责人都叫到了自己的办公室。以为被公司大领导叫去就意味着会被开除的两人战战兢兢地来到了办公室。结果张富士夫说：“认真调查调查为什么会弄混黏合剂，想想怎样做才能避免发生同样的问题。”

按照丰田式思维，发生问题时，重点是要找出问题的真正原因并采取措施，防止此后发生同样的问题。对于首先担心会被开除而不是找原因的两个人来说，张富士夫的话非常出乎意料。最终，他们通过“丰田式 5W1H 思考法”推导出了发生问题的真正原因。

（1）为什么会弄混黏合剂的罐子？

因为对工作还不适应。

（2）为什么工作不适应就会弄错？

因为仓库里堆着太多相似的瓶瓶罐罐，对尚未适应仓库的工人而言很难加以区分。

（3）为什么很难区分开那些瓶瓶罐罐？

因为黏合剂的罐子设计大同小异，不同种类的黏合剂只能依靠产品编号来区分。

（4）为什么罐子不设计得更加容易区分？

因为生产罐子的是专业人士，从未想过自己要在这方面下功夫。

（5）为什么自己没有再多下点功夫？

因为觉得必须适应仓库，避免出错，没想过要在其他方面下功夫。

在资材管理人员看来，弄混是因为“不适应”“不够注意”，从来没有想过要在避免弄混上下功夫。而通过思考“为什么会弄混”并追查原因，资材管理人员逐渐找到了发生问题的真正原因。于是，在资材管理方面，以课长为中心，丰田采取了以下两项改进措施：

① 按照产品编号，给罐身贴上不同颜色的胶带，使其能够被一眼分辨出来；

② 整理、整顿仓库，把相似的罐子分开放，不让它们混在一起。

随后，他们拜托生产黏合剂罐子的公司在印刷产品编号时采用更大字号的字体，尽可能区分罐子的颜色。

通过改善，该工厂再也没有发生过弄混黏合剂罐子的错误。

发生问题时，如果在“还不适应”“注意力不够集中”等方面找原因，很容易从精神论上找到对策，如“尽快适应”“精神再集中点”等。**而只有通过挖掘深层原因，思考“为什么不适应就会发生错误”，才能进一步采取改善措施，达到想犯错都无法犯错的程度。**了解发生错误的真正原因，能够帮助企业完成不易发生错误的改善。

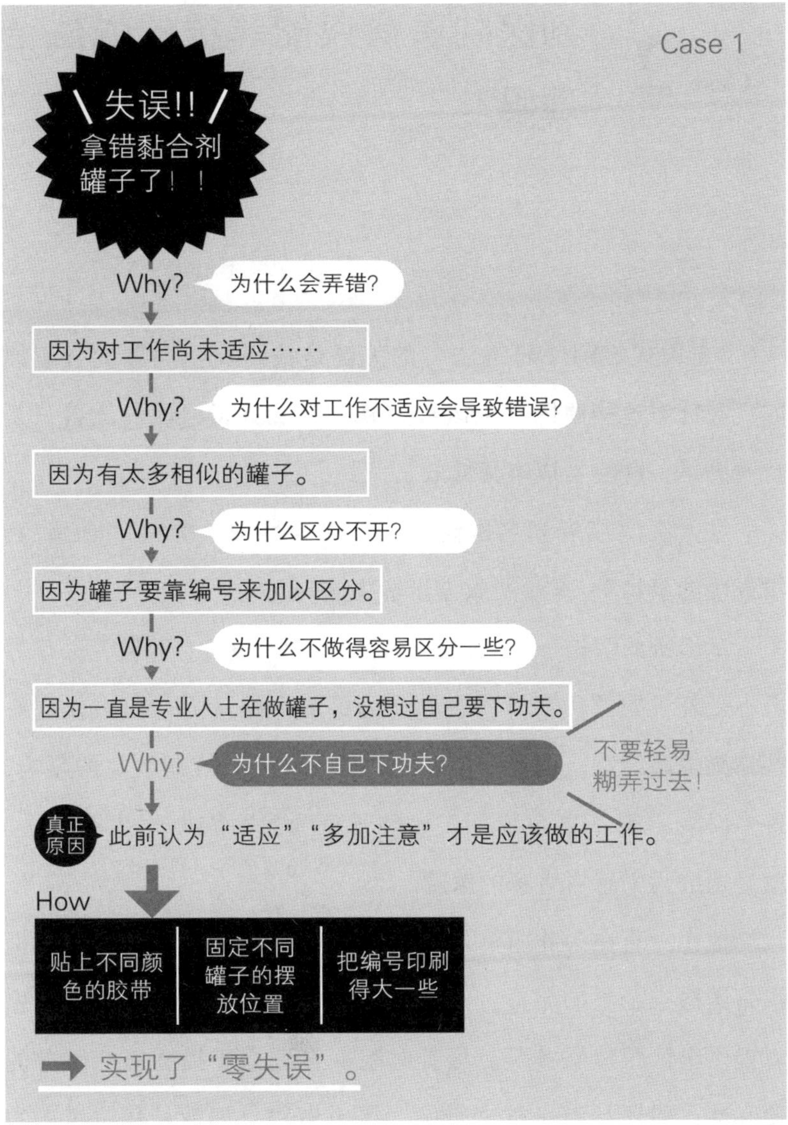
Case 1
\ 失误!! /
拿错黏合剂罐子了！！
Why?
为什么会弄错?
因为对工作尚未适应……
Why?
为什么对工作不适应会导致错误?
因为有太多相似的罐子。
Why?
为什么区分不开?
因为罐子要靠编号来加以区分。
Why?
为什么不做得容易区分一些?
因为一直是专业人士在做罐子，没想过自己要下功夫。
Why?
为什么不自己下功夫?
不要轻易糊弄过去!
真正原因
此前认为“适应”“多加注意”才是应该做的工作。
How
贴上不同颜色的胶带
固定不同罐子的摆放位置
把编号印刷得大一些
实现了“零失误”。

Case 2 到医院看病只能等待的说法合理吗?

"丰田式 5W1H 思考法"的关键是找到发生问题的真正原因，并针对这些原因采取改善措施。忽视真正原因的改善只是自我满足，既浪费成本又低效。

在大医院或者知名医院里，长久等待被认为是"合理的、没办法的事情"。A 诊所致力于解决这一问题。

A 诊所的院长一贯主张"医疗是一种服务"。曾经，医疗界既不受外界的严厉批评，也不受内部的严格评判，可以采取一些措施提高收益。但近些年来，由于受到各种规制放宽的影响，许多医院不得不背负赤字。该院长认为，医院要想生存下去，就必须成为受患者青睐的医院。

他也一直在为此而努力，如把患者视为"用户"，向患者提供寄送检查结果的服务，并为处于诊疗过程中却中断来院的患者提供电话跟踪服务等。尽管医院一直致力于提高医疗服务的便利性，但还是有一桩"悬案"没有解决，那就是每位患者的平均等待时间长达 90 分钟（从在前台挂号到结完账）。院长一直想解决这个难题，但始终不得法。

院长曾经向200多名员工征集改善良方，得到的却尽是“如何舒适度过等待时间”的提议。例如：①放置几台按摩椅，让患者自由使用；②准备一些报纸杂志，让患者等待时不会感到无聊；③准备茶和咖啡，让来院患者随意饮用，等等。每项提议都得到了患者的好评，但并没有减少患者漫长的等待时间。

诸如此类的改善措施存在一个问题，那就是无论多么努力都没有减少患者的等待时间。尽管这些改善措施很受欢迎，但**并没有追溯到等待时间过长这一核心问题的真正原因。如果认为这个问题无法解决而放弃，那么辛苦采取的其他改善措施就只能徒增成本，毫无意义**。

有一天，苦恼于没有改善良策的院长在医院经营者聚会上听到了有关丰田式做法的演讲，于是立刻找到了丰田顾问。医院与丰田式做法看起来毫无关联，但院长听了丰田式“去除无用功”的说法后，坚信“如果能省去医院的无端浪费，或许能多少减少一些等待时间”。

最终，丰田顾问利用“丰田式5W1H思考法”慢慢推导出了对策。

对于最初的问题“为什么等待时间这么长”，工作人员的回答都是“因为患者太多了”。的确，A诊所每天都要接待很多患者。“患者多，自然等待的时间就长”，这是大多数人的想法。但顾问又追问道：“真的是这样的吗？”

追问结果发现，每位患者的诊疗时间为“3 分钟左右”，结算等办公性质的工作为“10 分钟左右”。也就是说，本来能够 13 分钟完成的问诊，实际上却要花费 90 分钟。

奇怪的数字背后一定有原因

通过继续追问为什么，追溯原因，丰田顾问终于发现了几处“无用功”。

例如：①处理接待和会计事务的办公室没有进行整理整顿，在查找、调查病历等“无谓事项”上浪费了很多时间；②每位医生的工作量差别很大，有的医生非常忙，有的则不然；③针对事先有预约的患者和没有预约的患者，同样的医生会以同样的方式问诊，诊疗上花费的时间产生了差别；④谁都不清楚患者什么时候挂的号、等了多久。

于是，针对这些浪费问题，通过逐个追问“为什么”，该诊所逐渐进行了改善。例如，为了减少查找、调查病历和备品等无用工作，诊所首先进行了彻底的整理整顿。单这一项措施就很辛苦，要在架子多、东西杂的诊所里空出来一块地方放置必要的物品，以便所需物品能够被轻易找到和取出。

此外，诊所还对每位医生的工作量进行了平均，把患者的病历当成“看板”，整理出了患者的就诊流程，进而在两个月后将患者看病的等待时间缩短到了 60 分钟以内。同时，患者还能通过诊疗室前放置的计时器准确把握等待时间。

对于患者来说，舒适的按摩椅的确让人心情愉悦，但最重要的还是能在短时间内完成诊疗和办公性流程，尽快回家。

搁置“等待时间过长”的问题，而去解决“如何让来院患者舒适地度过等待时间”只能算是改善中的“应付措施”。关键还是要着眼于“缩短漫长的等待时间”这一目的，通过切实调查造成等待时间过长的真正原因，采取根本性的改善措施。

不采取忽视本质问题的容易做到的改善措施，而是通过多问几个“为什么”来追溯真正原因，针对每个看似合理的事项进行彻底的改善，这才是最重要的。

Case 2

想要缩短患者在诊所的等待时间

Why? 为什么等待时间这么久?

↓

因为患者非常多。

Why? 为什么患者多，等待时间就长?

不要放过看起来很平常的事情!

↓

- 正常情况：平均每位患者看诊3分钟、结账10分钟。
- 现状：平均每位患者要等待90分钟。

Why? 原因是什么?

↓

真正原因 发现无数个浪费时间的无用功。

无用功 无用功 无用功 无用功 无用功 无用功

How

①诊所内进行整理整顿；

②使每位医生的工作量更均衡；

③把病历当成“看板”利用起来。

➡ 等待时间在两个月内降至60分钟以内。

Case 3 如何转变“这种程度的不良不用在意”的意识？

对于企业来说，改变风气（文化）是一件非常难的事情。

以丰田的创意创新活动为例。起初，最难的是改变“创意创新=发明”“发明不是我等凡人能做到的”这种固有思维。丰田为什么会有这种固有思维呢？起因可追溯到丰田的创办人——“发明大王”丰田佐吉。他通过发明自动纺织机，在使日本的纺织产业具备全球竞争力方面做出了巨大贡献。自那以后，丰田就形成了“创意创新=发明”的意识。

同时，得益于QC（品质管理）循环中活跃的“大家一起来”等活动，通过收集点滴想法汇集成大智慧的认知在丰田逐渐普及开来，促使创意创新运动走上了正轨。就这样，从“创意创新=发明”到“智慧就在大家之中”的意识改革，成了支撑丰田改善的原动力。

生产生活用品的A公司擅长利用领先于其他公司的优秀想法生产爆品，创造业绩。其中最重要的业务，是生产任何地方都没有的产品和其他公司意想不到的产品，因为只要能不断创造创意产品，即使价格略高 A 公司也能胜出。这是 A 公司长久以来的经营思路。

这种想法本身没有问题。一味跟在其他公司后面生产类似产品只会陷入价格竞争，导致“没有利益的繁忙”，而不断生产优秀的创意产品能帮助企业摆脱价格竞争，拓展业务。

然而，A 公司辛辛苦苦生产出来的产品的仿品比以往更快地出现在了市场上，导致其领先时间不断缩短，仿品也逐渐增多。仿品越来越多的情况下，即便是 A 公司创造出来的产品，也很难长久维持较高的价格。

例如，产品 B 就是一个典型代表。它具有超高人气，但实际的利润率较低。于是，A 公司老板参考丰田式做法询问员工：

“为什么 B 是人气产品，利润率却这么低？”

员工们的回答各不相同，如“因为竞品变多了，价格呈现出下降趋势”“因为竞品较多，没能按计划卖出去，库存增多了”“因为销售时间太长没有新鲜感了，我们应该开始生产下一个产品了”等。

这些都是“为什么”的答案之一，但 A 公司老板认为一定还有其他原因，并最终锁定了生产阶段“不良品较多”的问题。B 产品采用的是小量容器，在生产线上移动时，即使是轻微震动都会导致产品掉到地板上产生裂纹，最终成为不良品而作废。多的时候，一天甚至能造出数百个不良品。一直以来大家都理所当然地认为这很正常，没有继续追究。

在生产阶段造成这么多的不良品，只会导致成本越来越高。而 A 公司里普遍认为“只要能生产出优秀的产品，即使价格高点也能卖出去”，欠缺认真对待不良品、使之减少的意识。他们认为只要能够生产出优秀的产品，即使不采取踏实的成本改善措施也能以高价卖出产品，因此无须特别在意这些问题。

为了转变大家的错误认知，A 公司老板提出了“容器零废弃率”的要求。首先提出的问题是“为什么容器会从生产线上掉下来”。针对这一问题，A 公司员工的回答是“因为容器太轻”。如果将所有问题都归结为一个简单粗暴的答案，就永远找不出问题的真正原因。

于是，A 公司本着丰田式做法中“现地现物”“逮住现行犯”的态度，逐个检查容器掉落的现场，排查出了多个原因。

例如：(1) 操作失误导致掉落；(2) 生产线震动导致掉落；(3) 在生产线上移动时被其他物体卡住而掉落，等等。

针对这些问题，A 公司进一步追问“为什么”并最终找到了每个问题的真正原因，采取了改善措施。两个月后，A 公司成功做到了“容器零废品率”，不仅提高了生产效率，还在一定程度上降低了成本。

这是不断改善工作台、完善作业工序、改良动作的结果。此外，这一成果还在 A 公司内部产生了极大影响。以往比起降低成本，A 公司更重视创造新的爆品，忽视了减少不良品、降低成本的重要性。此次，通过不断积累细微的改善成果并最终达成“零掉落”“容器零废品率”的目标，A公司的员工重新认识到了改善的力量。

在这个无论产品多么优秀都会很快出现仿品的时代，要想在竞争中取胜，企业必须具备更快、以更低成本生产优秀产品的能力。只有以更低的成本生产出更优秀的产品，才能避免在竞争中败北，确保自己在陷入成本竞争后也能存活下来。

从那以后，“执着于零”就成了A公司的口号（如“零掉落”“零失误”等）。A公司扭转了内部的员工意识，让他们在面对微小问题时不再抱有“出现这种程度的问题很正常”“不必在意”的想法，而会在“降到零”的目标指引下，通过不断追问“为什么”找出问题背后的真正原因，并进一步采取改善措施。

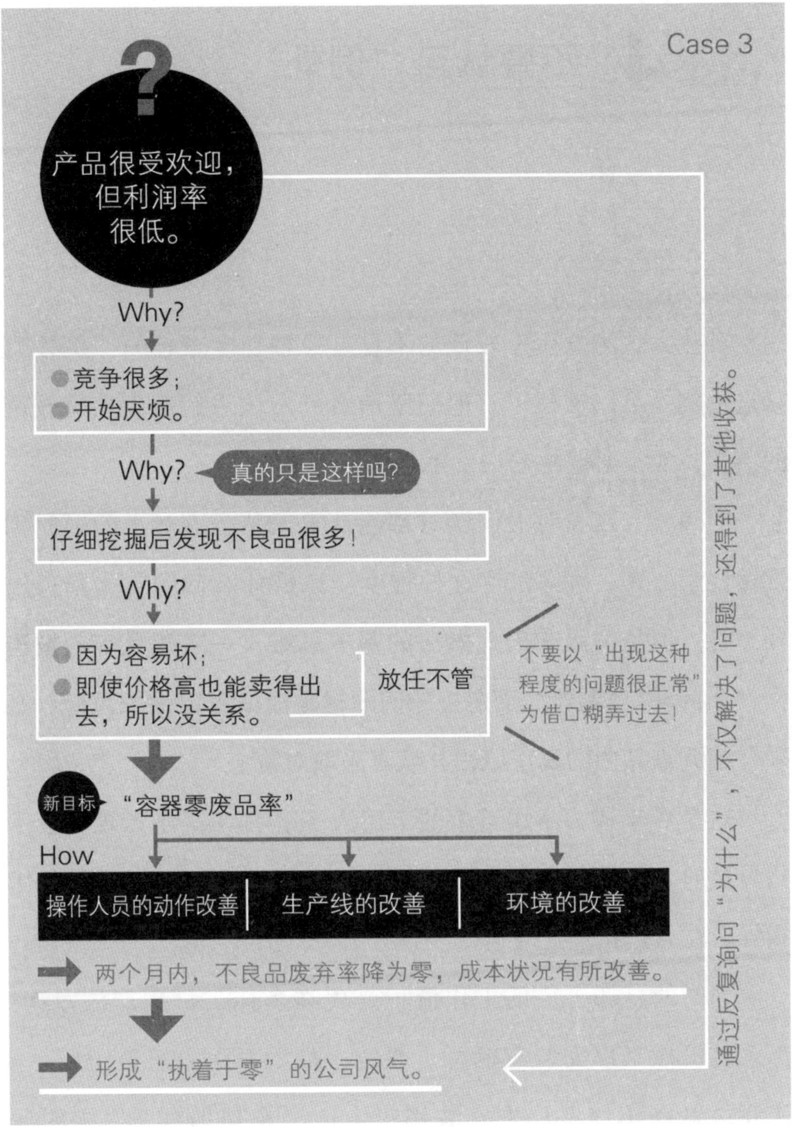
Case 3
?
产品很受欢迎，但利润率很低。
Why?
竞争很多；
开始厌烦。
Why?
真的只是这样吗？
仔细挖掘后发现不良品很多！
Why?
因为容易坏；
即使价格高也能卖得出去，所以没关系。
放任不管
不要以“出现这种程度的问题很正常”为借口糊弄过去！
新目标
“容器零废品率”
How
操作人员的动作改善
生产线的改善
环境的改善
两个月内，不良品废弃率降为零，成本状况有所改善。
形成“执着于零”的公司风气。
通过反复询问“为什么”，不仅解决了问题，还得到了其他收获。

CASE 4 不要认可“例外”

有些人认为发生率较低的不良是一种程度较轻的“例外”，且这种例外可以被认可。他们坚信自己应该去解决发生率较高的不良，而没必要执着于发生率低的不良。

的确，人在面对大问题时都能认真对待，面对小问题时则常存侥幸心理，倾向以“这种程度应该没什么问题”为借口放任不管。**但是按照丰田式做法的基本思维，一般越是容易被当作“小问题”“例外”而忽视的问题越是潜藏着巨大的风险，必须仔细调查其中的真正原因并认真采取对策。**

这是后来成为丰田董事的丰田人 A 担任工厂生产现场技术指导员时发生的故事。丰田总部厂长大野耐一一向对这类技术指导员非常严格。

当时的总部工厂的工作流程是先在车体工厂生产汽车架，然后在机械工厂安装车辆行走系统，最后再送去组装工厂。A 主要负责在车体工厂中安装用于生产汽车架的螺母、夹钳等作业。

有一天，后工序把汽车架退了回来，原因是“车体工厂没有安装好夹钳”。一般出现这种不良情况，A 会调查发生不良情况的原因并采取改善措施。但不巧的是 A 当时非常忙，就把退回来的汽车架放置在了生产线旁边。

A 原本打算之后再慢慢处理，但不幸的是大野耐一正好到那里巡查。他看到夹钳破碎的汽车架后把 A 叫到了跟前，怒斥道:“马上进行彻底调查，直到弄清楚不良是在哪一步发生的为止!”

A 立刻展开调查，但可疑的地方太多，且搜查对象分布在多个工厂——不仅是 A 所在的车体工厂，还涉及其他工厂。为了避免与其他部门产生不必要的摩擦，对于这种非常少见的不良状况，一般人的做法是选择放弃，因为“发生这种程度的失误在所难免”。但大野耐一是不会认可“没有办法”“这是小问题”等说辞的。

于是，A 决定逐个检查可疑的地方，但由于不良不是在眼前发生的，所以没办法在现场抓住不良。

“丰田式 5W1H 思考法”的一般做法是针对一个问题多次追问“为什么”，但此次**根本不知道问题是在什么地方发生的。也就是说，为了调查夹钳破碎的原因，需要在多个问题上多次重复询问“为什么”**。

A 在两天时间里一直在找可疑的地方，亲自盯着生产现场，但仍然没能目击到不良的发生。没办法，A 只能向大野耐一报告说找了两天没找到，而大野耐一只回了一句话：“接着找，直到找到为止。”

当时，夹钳破碎是一件发生率很低的事故，1000 次中大概会发生 3 次，所以这类事故又被称为“千分之三”，被视为可以允许的例外。但大野耐一对 A 说：

“‘千分之三’的问题非常重要，必须找到发生不良的原因，消灭这个‘千分之三’。”

努力消除发生率高的不良状况是理所当然的事，而面对发生率低的问题，人们一般倾向于睁一只眼闭一只眼，认为“这点儿问题没关系”“没办法”。但这样一来，就永远不可能接近“零不良率”的目标。按照大野耐一的想法，只有逐个认真分析低概率状况发生的真正原因并加以改进，才能减少不良，实现“生产更优质产品”的目标。

大野耐一对 A 的要求是：无论发生不良的概率是高还是低，都要有花很长时间调查真正原因的态度。与其说这是深入研究“为什么”，不如说是通过这些“为什么”在所有可能出现问题的工序上查找原因。

第三天，A 终于在机械工厂亲眼见到了夹钳碎掉的场景，找到了夹钳碎掉的真正原因。原来，当汽车架的装载方法不当时会蹭到夹具，将其弄断。A 找到机械工厂的负责人一起想办法，针对这种情况采取了改善措施，以避免再次发生同样的状况。

发生问题时，一旦认为“这种情况很常见”“这是可以被允许的例外”，大脑就会停止思考。正如“小事即大事”的说法一样，只有在小问题、例外的问题上努力思考“为什么”，才能成功预防大问题的出现。

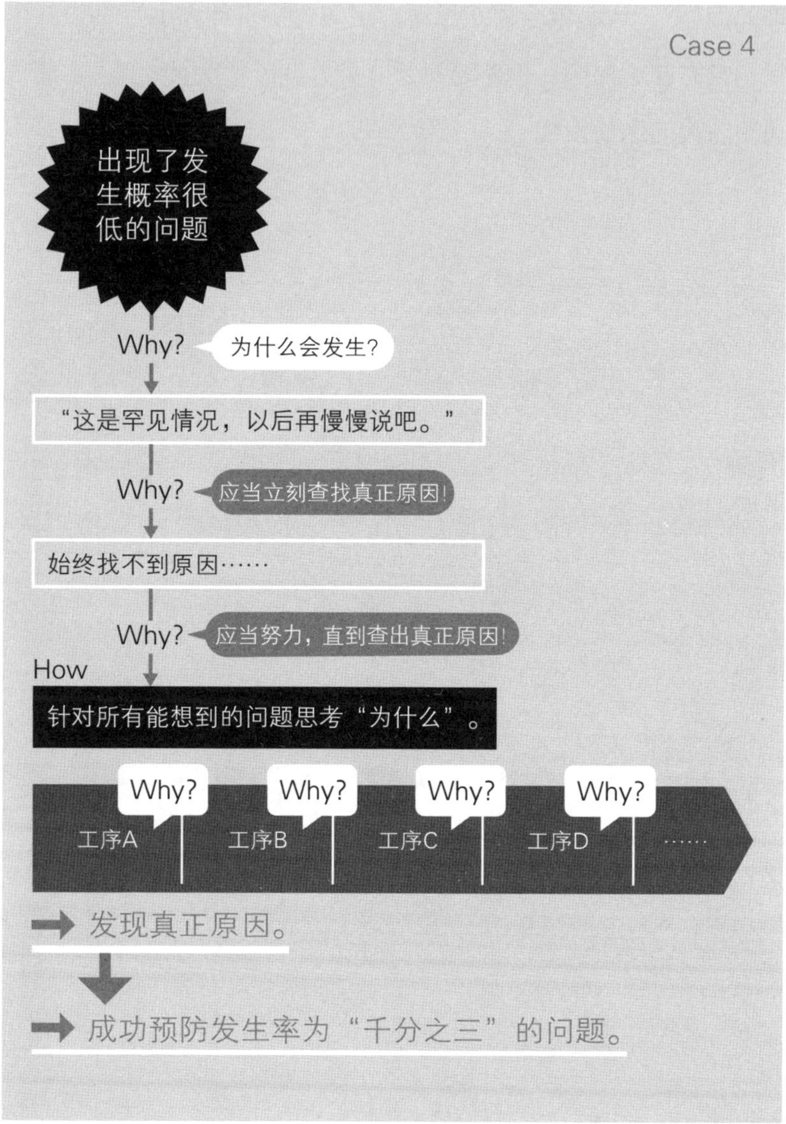
Case 4
出现了发生概率很低的问题
Why?
为什么会发生?
"这是罕见情况，以后再慢慢说吧。"
Why?
应当立刻查找真正原因!
始终找不到原因……
Why?
应当努力，直到查出真正原因!
How
针对所有能想到的问题思考"为什么"。
Why?
工序A
Why?
工序B
Why?
工序C
Why?
工序D
……
发现真正原因。
成功预防发生率为"千分之三"的问题。

Case 5 仅靠报告书无法消除不良品

不只是工厂，很多职场中都贴有“安全第一”“零事故职场”的标语或海报。没有人会反对这些标语，因为大家都希望能在没有事故的安全职场环境中工作。但在职场中，我们还是经常会遇到一些小事故。

就像有人认为“想让不良品为零，除非不生产”一样，很多人一开始就放弃了“零事故”，认为“要想不出事故，干脆什么都不要做”。

化学生产企业 A 公司的某个工厂曾经也充斥着这种思想。与同行业其他公司的工厂相比，A 公司工厂发生事故的次数多得多，但好在没有出过人命。尽管如此，由于小事故频发，A 公司内部还是出现了一些呼声，要求必须采取措施改变这种状况。于是，A 公司派了一名董事常驻工厂，负责解决问题。

董事把管理人员、职员都召集起来，问他们：“为什么事故频发？为什么事故概率降不下来？”得到的回答是：“每次发生事故我们都会采取对策、提醒大家多加注意，但并没有什么效果。”也就是说，管理者切实采取了措施，也警示过大家注意，但由于现场工作人员不够重视，事故还是会发生，他们也很苦恼。

董事总觉得有问题，开始怀疑“员工不够重视”不是事故频发的真正原因。于是，他决定亲自去确认。在巡视工厂的过程中，他注意到了一件事。

虽然张贴着“安全第一”的标语，但是工厂中根本没有进行过整理整顿，打眼一看就能发现好几处让人觉得很危险的地方。

此外，尽管张贴着“抓紧扶手，以策安全”的海报，但是楼梯扶手上的油漆全都脱落了，还有很多地方生了红色的锈。这不禁让他担心：如果不戴手套，是否会伤到手？而且，楼梯也有一些地方很容易让人滑倒。

这些问题意味着工厂整体都缺乏安全意识。在这种情况下，无论早会上大家一起高喊多少遍“安全第一”的口号，工作环境仍然充满危险，发生多起事故也在意料之中。随后，董事立刻下达指示，让人重新粉刷扶手并加以修补，同时让生产现场的工人指出他们觉得有危险的地方，然后立刻采取改善措施。

管理人员也要坚持“现地现物”

有一天，A公司工厂发生了一起小事故，幸运的是没有造成大的灾难。董事立刻赶赴现场，然而当时赶到现场的除了该董事，就只有几个生产现场的工人与一个年轻职员，一个本应担负起责任的管理人员都没去。

几个小时后，部长交给董事一份关于这起事故的报告书，报告书中总结了事故的受灾情况及今后的对策。然而当董事问起事故情况时，部长几乎什么都答不上来，被叫来的课长和组长也是差不多的情况。直到董事把目击事故现场的年轻职员找来，才好不容易得到了答案。

董事认为，这样下去根本不可能杜绝事故发生，因为发生事故、出现问题时最重要的是“现地现物”，即亲赴现场调查事故、问题的真正原因并针对原因切实采取措施。像这种根本不问“为什么”，只会拿一张格式化的报告书了事的人，不可能积极采取根本性的改善措施。

A 公司工厂频发事故的原因在于：①现场的整理整顿不彻底，安全意识薄弱；②发生事故时没有认真调查真正原因，而是流于精神论，只会高喊“一定要认真做事”“万幸不是大事故，以后要多注意”，采取一些小聪明、小手段了事。

无论多么小的事故，发生的背后一定有真正原因。如果懈怠于追溯真正原因，抱有“事故很小，真是万幸”的想法，那么同样的事故还会发生无数次，最终造成大事故、大灾难。

于是，该董事彻底整理整顿了该工厂，同时规定**只要发生事故，管理人员必须亲自前往现场，在现场调查事故的真正原因并思考采取什么样的改善措施才能避免再次发生同样的事故。**

为丰田式生产方式奠定基础的大野耐一有一句口头禅："你看过现场了吗?"只要发生事故，就要立刻赶往现场；只要出现不良状况，就要在现场逮住现行犯，这就是丰田式做法。关键是要"亲自看到"，只听部下的汇报、被一张报告书糊弄过去，是管理人员的失职。

消除事故不是管理人员在早会上讲讲话，贴一张海报就能完成的。管理人员本身要注意到有问题的现场，亲赴现场，与大家一起找出真正原因，思考改善对策。大野耐一还有一句口头禅是"说的人如果不去做是不行的"，既然说了"安全第一"，说的人就要多加注意、亲眼确认，这一点非常重要。

通过采取一系列措施，A 公司工厂的事故发生率大大低于同行业的平均值，甚至形成了"原本觉得不可能实现的'零事故'也能做到"的风气。

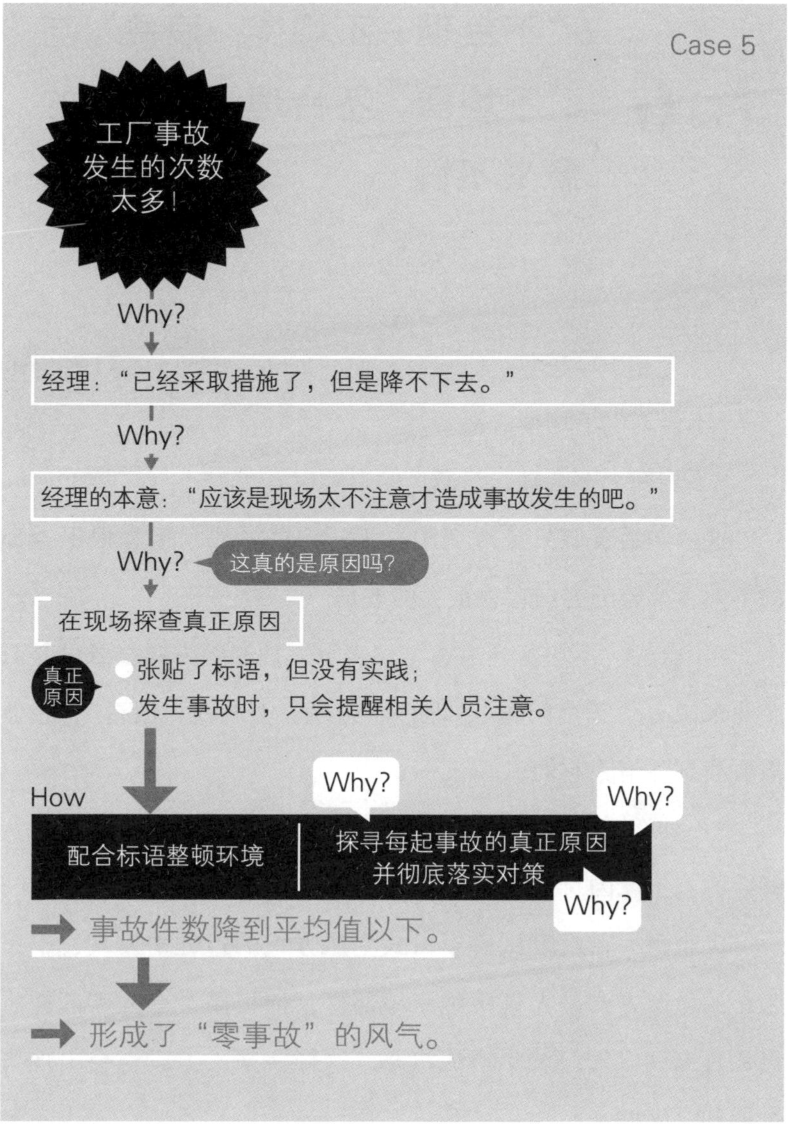
Case 5
工厂事故发生的次数太多！
Why?
经理：“已经采取措施了，但是降不下去。”
Why?
经理的本意：“应该是现场太不注意才造成事故发生的吧。”
Why?
这真的是原因吗？
在现场探查真正原因
真正原因
张贴了标语，但没有实践；
发生事故时，只会提醒相关人员注意。
How
Why?
Why?
配合标语整顿环境
探寻每起事故的真正原因并彻底落实对策
Why?
事故件数降到平均值以下。
形成了“零事故”的风气。

Case 6 “不合理、不均衡、浪费”与“不均衡、不合理、浪费”的意义不同

“不合理、不均衡、浪费。”

“不均衡、不合理、浪费。”

这两句话看似只是改变了一下词语的顺序，但是根据选择的不同，改善的方向存在很大的差别。

“不合理、不均衡、浪费”仅表示一种改善方向，意思是对企业来说有“三个问题”，即“不合理、不均衡、浪费”，企业需要找到并消除它们。

“不均衡、不合理、浪费”则不同，它明确指出了产生浪费背后的真正原因。

大野耐一在反复试验丰田式生产方式的过程中发现，丰田工厂的生产方式是先集中生产零部件，待积攒了一批零部件后再在月末一口气组装生产成汽车。这样一来，工厂就会出现繁忙期和空闲期。

一旦工作中存在较大的不均衡，就会出现既有闲得发慌的

时候，也有手忙脚乱的时候。于是为了度过繁忙期，工厂不得不投入足够多的设备并增加人手。然而，这些设备和人手在空闲期完全没有存在的意义，会造成大量的浪费。

换句话说，为了消除浪费，工厂要尽可能避免工作中的时间分配不均衡，实现平均化。如果能保证每一天、每个月都能生产出必需数量的产品，就没有必要过度工作，也不会造成资源浪费，这就是丰田式思维。

实际上，很多企业根本不懂造成浪费的真正原因是什么，只会盲目采取改善措施。

“太忙了，增加些人手吧”“太忙了，多引进些更好的设备吧”，这些想法都存在一些误区。诚然，这些措施能够暂时缓解繁忙的情况，但并没有改变“不均衡导致工作繁忙”这个真正原因，结果只能是增加人工费和设备成本。这是一种偏离丰田式改善中“削减成本”的目标的改善。

提供的服务真的能满足客户需求吗？

一个为“不均衡”所苦的行业是干洗业。

每年到了换衣服的时节，干洗店就会收到大量的待洗衣物。对于这些待洗衣物，A 公司曾经打出了“翌日可取”的广告宣传语，组织员工彻夜加班。当订单达到峰值时，该公司会加雇人手，动用大型设备。虽然花费了高昂的成本，但是做到“翌日可取”的成就感也是实实在在的。

然而峰值期一过，A 公司的人手与设备都开始过剩，最终造成了业绩恶化。A 公司的老板不禁自问：为什么我们为了客户这么拼命努力，却挣不到钱？于是，他找到丰田顾问，寻求改进良方。

顾问在调查过 A 公司的工作方式后，对该公司的工作过程进行了解释：繁忙期的工作量与繁忙期以外的工作量存在巨大差别，只能依靠人手与设备来勉强完成工作，结果造成了浪费，挤压了经营利润。对此，A 公司的老板表示："您说的我们都明白，但是我们的工作是季节性的，有淡旺季，这也是没办法的事。"

按照 A 公司的想法，既然从事的是衣物清洗工作，那么换季时期工作繁忙是很正常的。冬季是体积较大的衣物比较集中的时期，繁忙反而是件好事。顾问听完 A 公司老板的话后反问道：

"客户真的在意'翌日可取'的服务吗？为什么让繁忙期这么手忙脚乱？"

针对这个问题，A 公司老板给出了两个回答：一是因为冬季是换衣季；二是因为公司执着于完成"翌日可取"的目标。

到了春天，对于换下冬季外套的客户而言，下次再穿上这件外套要等到下一个冬季。尽管如此，A 公司依然标榜"翌日可取"，这对客户来说意味着"衣物已经洗好了，请尽快来取"，是一件令人感激的麻烦事。A 公司本来是为客户着想才执着于提供“翌日可取”的服务，但是面对“客户真的在意‘翌日可取’的服务吗?”的疑问，却没有自信回答“是的”。

A 公司的实际情况是：在自己规定的交货期内让自己忙得团团转，还要大量雇用人手，引入大量设备，苦恼于囤积的大量完成品。和 A 公司一样，工作量在不同时期存在较大差别的企业更容易在旺季勉强工作，造成大量浪费。“不挣钱”“繁忙”的背后一定有原因。A 公司问题的真正原因在于浪费过多，且太过执着于做到“翌日可取”。

从那以后，A 公司开始询问客户期望的取货日期并据此来安排工作。只要摆脱了“翌日可取”这一咒语的束缚，工作就能更加平均化，也能多少降低不均衡性。随后，A 公司进一步征集客户需求，学习服装知识，从而将工作方式从大量处理转变为多品种一品处理，从简单的消除褶皱转变为采用服装业专用的成品机器来完成工作。通过多项改善措施，A 公司终于走出了“隧道”。

造成资源浪费的一大原因，往往在于工作的不均衡性。不仅是干洗业，职能部门的工作也存在同样的情况，如在结算期异常忙碌、容易产生差异等。从日常工作出发，思考“如何才能缩小差别”也是丰田式改善中非常重要的部分。

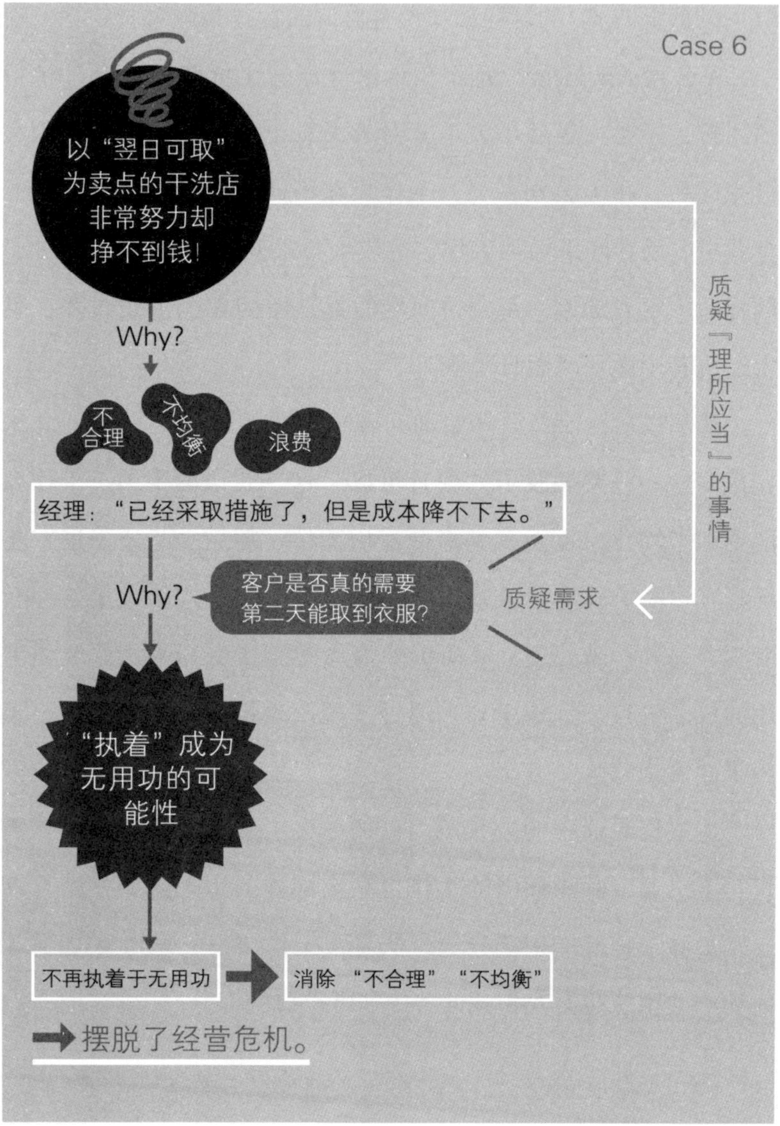
Case 6
以“翌日可取”
为卖点的干洗店
非常努力却
挣不到钱！
Why?
不合理
不均衡
浪费
经理：“已经采取措施了，但是成本降不下去。”
质疑『理所应当』的事情
Why?
客户是否真的需要
第二天能取到衣服？
质疑需求
“执着”成为
无用功的可
能性
不再执着于无用功
消除“不合理”“不均衡”
摆脱了经营危机。

Case 7 不要等乱了再进行整理和整顿

无论是在私人空间还是在职场上，很多人都有过这样的体验：不知不觉间东西越来越多，然后在某个时期，自己突然觉得这样下去不行，必须进行“断舍离”，等暂时整洁后才能松一口气。然而半年、一年后，东西又渐渐多了起来，恢复到了与之前一样。

此时，有些人会突然改变态度，认为“东西越来越多也是没有办法的事，等乱了之后再整理吧”。如果是在私人空间，这样做也没什么大不了的。但如果是在职场，那么将现场的整理整顿工作定为每年定期进行的事就不值得赞扬了。企业应当尽可能避免“东西不知不觉间越来越多”“整理整顿逐渐成为每年特例”的情况发生。

有一个改变了日本物流的超市的故事。日本很多超市原本营业额很高，但因为近些年来竞争越来越激烈，且经济大环境不景气，营业额开始持续减少。

A 公司就面临这种情况。其所在的集团的营业数据看起来并不差，但一直苦于无法提升超市的业绩，于是想利用丰田式思维进行改善，争取恢复到以往的良好状态。半年间，通过委托丰田顾问，A 公司学习了各种技能。几名 A 公司职员组成了一个团队，致力于改善店铺。

该团队最先着手改造的一家超市，营业额曾是 A 公司的第一名。但由于竞争越来越激烈，收入开始持续减少。团队最先着手做的是整理整顿库存。全体公司职员出动整理仓库，发现很多库存根本不知道是在什么时候入库的，移出库存后，地板上全是灰尘。地板颜色也有很多处明显不同于其他地方，这意味着近几年来，有些商品一直放在那里，根本就没有被移动过。

打开箱子一看，里面都是一些无法成为商品的物品。也就是说，A 公司花钱买进了绝不可能卖得出去的物品，等于把钱堆放在了仓库中。

维护库存当然需要成本。因为是库存，所以就随便堆放在仓库里，任它落满灰尘，这绝对不是一件好事。于是，团队成员询问包括兼职人员在内的所有员工："为什么有那么多没有用的库存？为什么放置不管？"得到的答案是：

"我们自己的卖场在一楼，而库房在四楼，把一些较重的货物搬上搬下很费事。

"库存货物的摆放没有一定的规则，找起来很费时间，希望改变一下布局，让我们能一眼看清什么东西放在什么位置。

"有人把新入库的货物放在前面，要想拿出里面的货物就要挪动前面的货物，拿出货物后还要重新把前面的货物堆放好，很费事，所以里面的旧货物就那么放着了。”

成为每年惯例，是一种危险信号

为了削减库存货物，A 公司一直非常重视整理整顿工作，每年会进行两次左右。但是，A 公司的做法与丰田式做法之间存在很大的不同。**尽管 A 公司会进行整理整顿，但是缺乏相关机制来维持整理后的状态。**整理出条理后，A 公司没有拟定放置新入库货物的固定规则，导致新入库的货物时常被放在容易放置的地方，而旧货物被一再往里挪动。

团队进一步调查了 A 公司没能维持住库存整理后的状态的原因，得出的结论是“太忙了”。负责人当然明白相比于新入库的货物，把旧货物放在前面更好。但一旦忙碌起来，就会萌生“先放前面，有时间再重新整理”的念头。

现实中，“有时间再整理”几乎从没有被实际执行过。这种情况不断重复，导致好不容易整理整顿好的仓库又变得一团乱。于是半年、一年后，A 公司又要重新进行整理整顿。

为了避免让整理整顿成为每年的惯例，企业需要制定规则，以确保即使不再重复整理整顿工作也不会对经营造成困扰。团队采取的措施是：将无用的库存货物清理出去，将空出来的空间按照固定商品、广告商品等种类进行划分，并把放置区域固定下来，使“什么货物、在什么地方、有多少”一目了然。

此外，如果库存货物不被看到，就会导致重复下单、一些畅销品明明还有库存却无法销售等问题。

对此，团队进一步采取措施，将周转较快的商品放置在卖场附近，以方便员工取货，避免发生查找、搬运货物等无用功。同时，团队还规定了当天入库的货物的摆放位置，避免了放置的混乱。通过采取这些改善措施，A 公司不仅将库存减少了四分之一，还大大减少了查找、搬运、搬回原处等无用作业。

工作中存在很多“理所当然”的事情，其中包含着大量的浪费和无用功。通过消除这些浪费，A 公司的营业额开始扭转，利润逐渐提高。利用“丰田式 5W1H 思考法”进行改善的团队成员感慨道：“我们曾经的‘优良店’正在逐渐恢复往日的风采。”

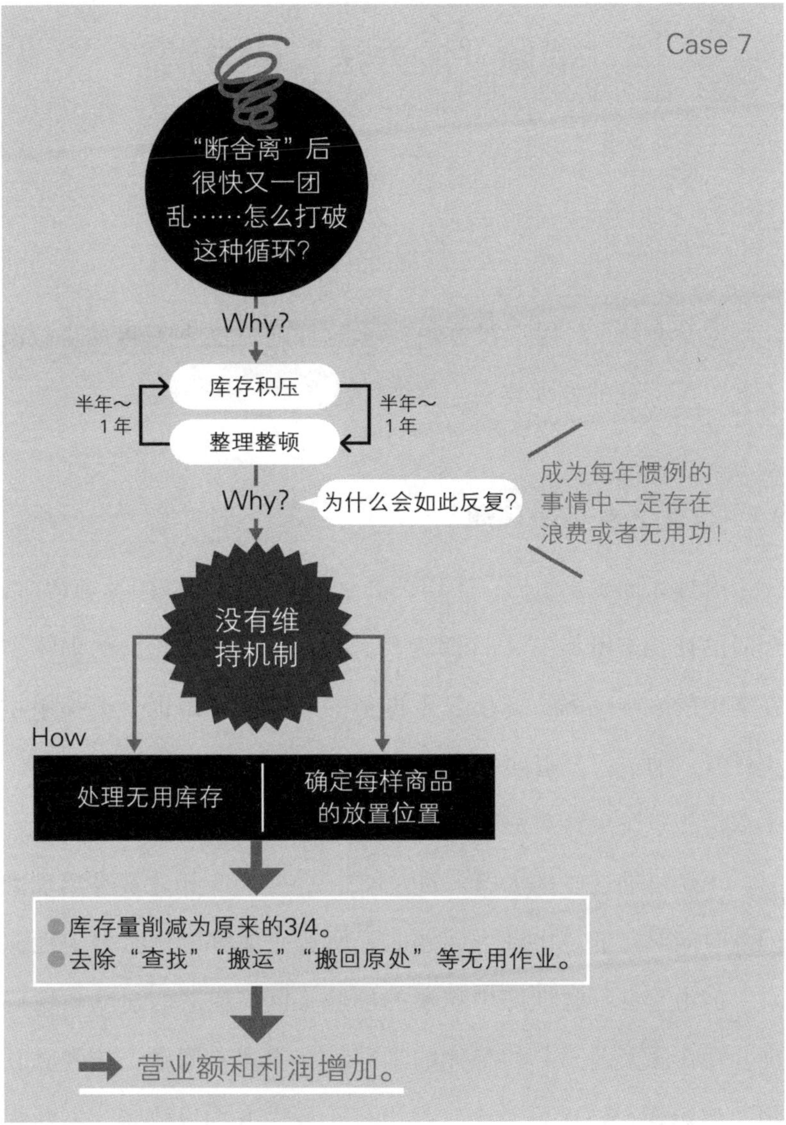
Case 7
“断舍离”后很快又一团乱……怎么打破这种循环?
Why?
库存积压
半年～1年
半年～1年
整理整顿
Why?
为什么会如此反复?
成为每年惯例的事情中一定存在浪费或者无用功!
没有维持机制
How
处理无用库存
确定每样商品的放置位置
●库存量削减为原来的3/4。
●去除“查找”“搬运”“搬回原处”等无用作业。
➡ 营业额和利润增加。

第1章 总 结　消除“没办法”的方法

本章介绍了针对“没办法”“就这样吧”“这种程度的事故没关系”等问题的处理方法，总结其要点如下。

① 认真对待小问题

阪神大地震发生后，丰田的处理非常迅速。被问及原因时，当时的社长丰田英二说：“因为我们平时一直在做相关的训练。”在丰田的生产现场，即使发生再小的问题，丰田也会选择中止生产线，通过反复追问“为什么”来找出问题发生的真正原因，采取措施以避免再次发生同样的问题。

正是借助这些日常积累的“尺寸之功”，丰田才能在出现大问题时应对自如。出现大问题时，所有企业都会认真努力地应对，但由于在日常训练中积累的经验不同，应对的速度与精确度会存在巨大差异。如果你的工厂存在很多小问题，请务必利用“丰田式5W1H思考法”找出真正原因并加以改善。不断纠正小问题不仅能大大提高工作的精确度，还能显著提升企业应对大问题的能力。

② 不向“简单易懂”“容易完成”的选项低头

越是利用“丰田式 5W1H 思考法”来深入发掘问题，越是能发现问题背后隐藏的真正原因。但很多时候人会因为怕麻烦而倾向于看简单易懂的原因，从自己容易做到的改善入手。

诚然，这样做也能改善现状，但无法从根本上解决问题。我们必须有这种觉知：即使找到了自己认可的原因，也要进一步重复追问“为什么”，来确定这是否是导致问题发生的真正原因。

不向“简单易懂”“容易完成”的选项低头，这是“丰田式 5W1H 思考法”中非常重要的一点。

1 认真对待小问题

通过处理一个一个的小问题，获得处理大问题的能力。

通过5W1H发现被忽略的问题，找出真正原因。

2 不向“简单易懂”“容易完成”的选项低头

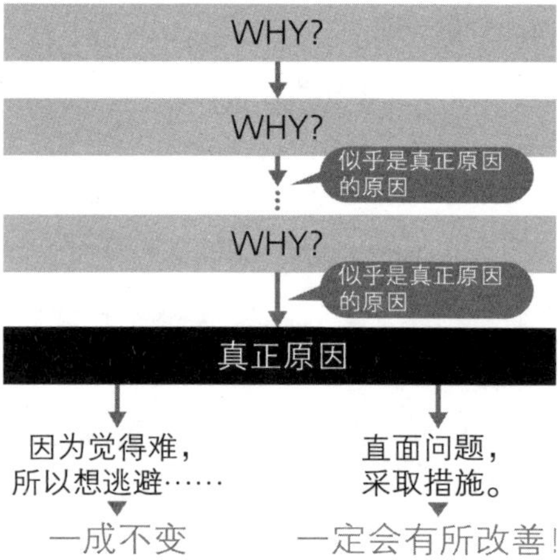

通过深入研究“为什么”，有时能够找出复杂问题的真正原因。
但如果中途厌烦而逃避，选择轻松的道路，就无法进行改善。

第2章

利用丰田式5W1H 思考法使不可能成为可能

因为不可能，所以要挑战

第二次世界大战刚刚结束，丰田创始人丰田喜一郎就向员工宣布：

“我们要在三年内赶上美国。”

这意味着，战败后失去一切的日本要在三年内赶上战胜国美国。而且，就当时的汽车产业而言，美国是汽车大国，而日本刚刚勉强能生产卡车，两者之间的水平差距极大。当时，几乎所有的日本人都觉得这句话不可能实现，但丰田人却真的开始为之而奋斗。

此后，大野耐一为丰田式奠定了基础。尽管丰田宣称“要在三年内赶上美国”，但是想在销售额及生产数量上赶上美国是不可能的。大野耐一认为，或许在生产效率上能够实现这一目标。

GHQ资料显示，当时日本的生产效率非常低，只有美国的九分之一。大野耐一听闻这个数据后问道：“为什么生产效率会这么低?”

面对这个问题，几乎所有人的回答都是“体力的差异”“食物的差异”“机械化程度的差异”，但大野耐一不这么想。他认为即使在体力上日本人和美国人存在差异，美国人做的工作也不可能是日本人的数倍，真正的原因是日本人比美国人多做了数倍的无用功。

换言之，按照大野耐一的想法，日本人当作“工作”在做的事情中存在非常多的无用功，如果能去除这些浪费行为，总有一天丰田的生产效率能提升到不输给美国的水准。

面对所有人都认为不可能的目标，只要不断追问“为什么”就一定能找到突破口。这些“尺寸之功”的不断积累，能使不可能成为可能，“丰田式5W1H思考法”就是挑战“不可能”的有力推动机制。

Case 1 从3小时到3分钟

树立目标的方式主要有两种：一种是树立一个比较容易完成的目标，然后切实执行；另一种是树立一个看似不可能完成的很高的目标，然后朝着这个目标努力。

说起丰田式的思维与做法，许多人的印象是消除现场注意到的微小的无用作业，实现的是前者无用作业的改善。而事实上，丰田式也可以是先确定一个大目标，再朝着这个与“日常改善、日常实践”不同的大目标竭尽全力贡献智慧。如果说前者是“去除无用作业型改善”，那么后者就是“解决课题型改善”。

后者需要百折不挠的日常改善。

解决课题型改善的代表案例之一，是20世纪60年代丰田发生的“大幅缩减变更程序时间过长的机制”。当时，丰田工厂中变更1000吨压力机的金属模具时需要两个多小时。这意味着，在这段时间内生产是中断的。

由于继续下去会影响生产效率，所以企业一般会选择尽可能减少模具变更，继续生产相同的产品。然而，丰田的目标是实现“根据销售情况进行生产”。也就是说，不集中生产相同的产品，而是与在市场上销售各种汽车一样，在生产一线也相继生产各种各样的汽车。

当然，更换模具一定会影响到产量。于是，**丰田决定不再遵循“生产方式的常识”，转而为实现“理想的生产方式”挑战“缩短模具变更时间”的难题。**

第一个问题是，为什么更换模具要花好几个小时？丰田的基本思维是“时间是动作的影子”。如果只想缩短时间，那么就要加快动作速度，但这样一来就变成了普通的强化劳动，能够缩短的时间也非常有限。因此，最关键的是分析时间构成。

丰田通过分析每一个更换模具的动作，发现更换模具时有两种选择：一种是必须停下机器来完成的“内变更”；另一种是在机器运转之前或之后进行的“外变更”。丰田由此得出结论：只要能将内变更彻底变为外变更，就能大幅缩减更换模具的时间。

根据这一改善思路，丰田首先将原本超过 2 小时的更换模具的时间缩短到了 1 小时以内。为了达到这个效果，丰田在半年内做了超过 100 项改善。与全球其他汽车生产企业相比，不足一小时是一个划时代的成果，但大野耐一却进一步提出要求：

“将模具更换时间缩短到 3 分钟以内。”

突破口是离谱的要求

这是一个非常离谱的要求，但与丰田人一起致力于改善的生产技术顾问新乡重夫却表示：“或许我们能够做到。”新乡重夫给出的理由是，针对每一个动作，通过追溯“为什么采用现在的做法”能够将内变更进一步转变为外变更。而且，在内变更方面也能找到比目前更好的处理方法。

于是，从中催生出了能够在秒级单位时间内完成安装的“一键式更换模具”的想法，即将紧固件换成无螺栓型紧固件或一转型紧固件。经过改善，丰田生产现场更换模具的时间大大缩减，甚至实现了 3 分钟以内完成的目标。

新乡重夫后来回顾道：“那时候如果大野先生没有提出‘将模具更换时间缩短到 3 分钟以内’的要求，我也想不出能够在 10 分钟内一次完成设置的方法。从这个意义上来讲，大野先生是我的恩人。”

面对离谱的要求，很多人在着手做之前就会认定“那是不可能完成的任务”，连挑战也不尝试一下就放弃了。而如果能从最初的发问——“为什么变更程序会花费那么多的时间”——开始，改善就能踏踏实实地向前推进。重要的不是放弃“那是不可能完成的任务”的想法，而是要不停地思考“为什么”。正是这些小小改善的积累，才能使不可能成为可能。

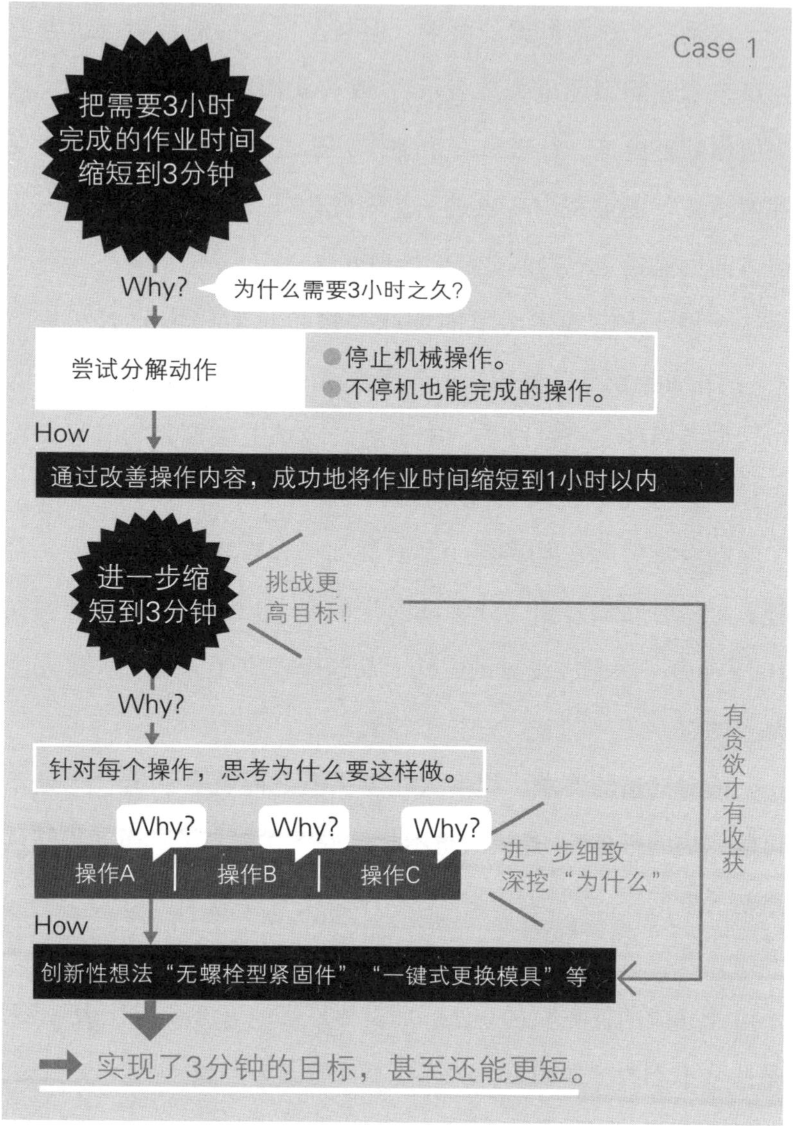
Case 1
把需要3小时完成的作业时间缩短到3分钟
Why?
为什么需要3小时之久?
尝试分解动作
停止机械操作。
不停机也能完成的操作。
How
通过改善操作内容，成功地将作业时间缩短到1小时以内
进一步缩短到3分钟
挑战更高目标!
Why?
针对每个操作，思考为什么要这样做。
Why?
Why?
Why?
操作A
操作B
操作C
进一步细致深挖“为什么”
有贪欲才有收获
How
创新性想法“无螺栓型紧固件”“一键式更换模具”等
实现了3分钟的目标，甚至还能更短。

Case 2 视角转换，实现“零垃圾”

办公器械生产企业A公司非常关心环境问题。该公司的一家工厂决定挑战“零垃圾”，这不是自上而下制定的目标，而是员工自发提出来的。有志之士商量后向工厂负责人提出要让工厂成为零垃圾工厂，得到了上级的答复：“这个挑战目标非常好，请大家努力！当然，生产一线的工人日常工作已经非常辛苦了，请注意不要给他们增加过多的负担。”

要想实现工厂零垃圾，生产一线工人的协助必不可少。考虑到循环利用问题，垃圾区分尽可能越细越好，但太过细致也可能招致反感，让大家觉得麻烦。熟悉生产一线的责任人希望能在不给车间工人增加过多负担的基础上，让大家都能愉快地参与进来。

例如，除了生产活动产生的废弃物，A公司还设置了六种分类箱，分别是：可燃物、塑料瓶、空罐子、空瓶子、金属拉环和纸类。但想要做到彻底的再循环，实现“零垃圾”的目标，这六种分类是远远不够的。单说纸类垃圾，就有复印纸、报纸、杂志、传单、纸壳箱、卡纸、热感纸、纸杯等无数种。

A 公司原本计划把这些垃圾放进一个个指定的垃圾箱，如“□□投放箱”“○○投放箱”，但这样做太过细致，丢垃圾的人会感到厌烦。**过度强调分类，**忽视情感而一味强调道理，**既会加重工人负担，又会招致反感。如此一来，“零垃圾”的目标就很难实现了。**

于是，A 公司的“零垃圾”团队开始尝试将分类箱做得更容易辨别一些，如在容易混淆的分类箱上画上图案或者贴上照片等，并在此基础上设置了一个大箱子，上面画了一个大大的问号（问号箱），用于投放无法精准分类的垃圾。

随后，团队成员对问号箱里的垃圾进行调查，以绘画或照片的形式让工人更加清楚哪种垃圾应该放到哪个箱子里。工人在忙碌中很难细读规定并按照要求进行分类，而绘画或者照片能帮助他们迅速分辨。实在无法分辨时，工人还可以放到问号箱这个救急选项里。至此，活动得到了工人的大力支持。活动启动数周后，工厂终于实现了“零分类失误”。

入口垃圾与出口垃圾

通过这些措施，A 公司的垃圾分类达到了很高的水准，废弃的垃圾也减少了很多。尽管如此，零垃圾团队还是有一件事非常在意，起源是一位董事的一句话：

“还有没有什么办法能轻松实现‘零垃圾’的目标?”

团队成员表示疑惑，这位董事又解释道：

“不产生垃圾等于直接实现了‘零垃圾’，你们不如试着调查一下产生垃圾的原因。”

如果将垃圾进行分类，一般可以分为“出口垃圾”与“入口垃圾”两种。既有生产活动产生的垃圾，也有事务所等机构产生的垃圾。这些垃圾如何区分、如何实现循环利用，决定着能否实现“零垃圾”这一目标，是涉及将垃圾分类做到什么程度的问题。

董事的话让团队成员意识到，如果能从一开始就绝对减少垃圾的产生，就能让垃圾的分类与循环利用一下子轻松很多。他们**以前也抱怨过有这么多垃圾，但从来没有追究过产生垃圾的原因。**

于是，A 公司的“零垃圾”团队决心找出产生问题的真正原因，追源溯流。该公司购入近 3000 个原材料用于生产，这些原材料包装得很好、很整齐。但在取出必要的原材料和零部件后，剩下的几乎都成了垃圾。

一直以来，团队成员把全部心思都放在了研究垃圾的分类与循环再利用上，通过追溯原因，他们发现分类的垃圾中有很多是自己花钱买来的。也就是说，A 公司花钱买来垃圾，又在这些垃圾的分类与循环利用上耗费了大量的人力与成本。

当然，A 公司对合作公司没有什么意见，但要想认真完成“零垃圾”的目标，就必须考虑自己出钱买来垃圾这件事，想办法减少入口垃圾。最终，“零垃圾”团队与合作公司及生产部门进行协商，逐一推动落实了简化包装、换用可循环材料、引进可多次使用的容器等改善措施。

起初，无论是合作公司还是生产部门都觉得这些措施非常麻烦。但实际执行后却发现，这样做更有利于两家公司的利益，生产部门的工人也得以从拆包装等无用作业中解脱出来，不仅提高了生产效率，还缓解了工厂的脏乱问题。通过彻底分类和减少入口垃圾两项措施，A 公司的“零垃圾”活动走上正轨，终于实现了“零垃圾”的目标。

“零垃圾”是一个很难实现的目标，需要执行方下一番功夫，通过追问“为什么”找到解决问题的切入点。

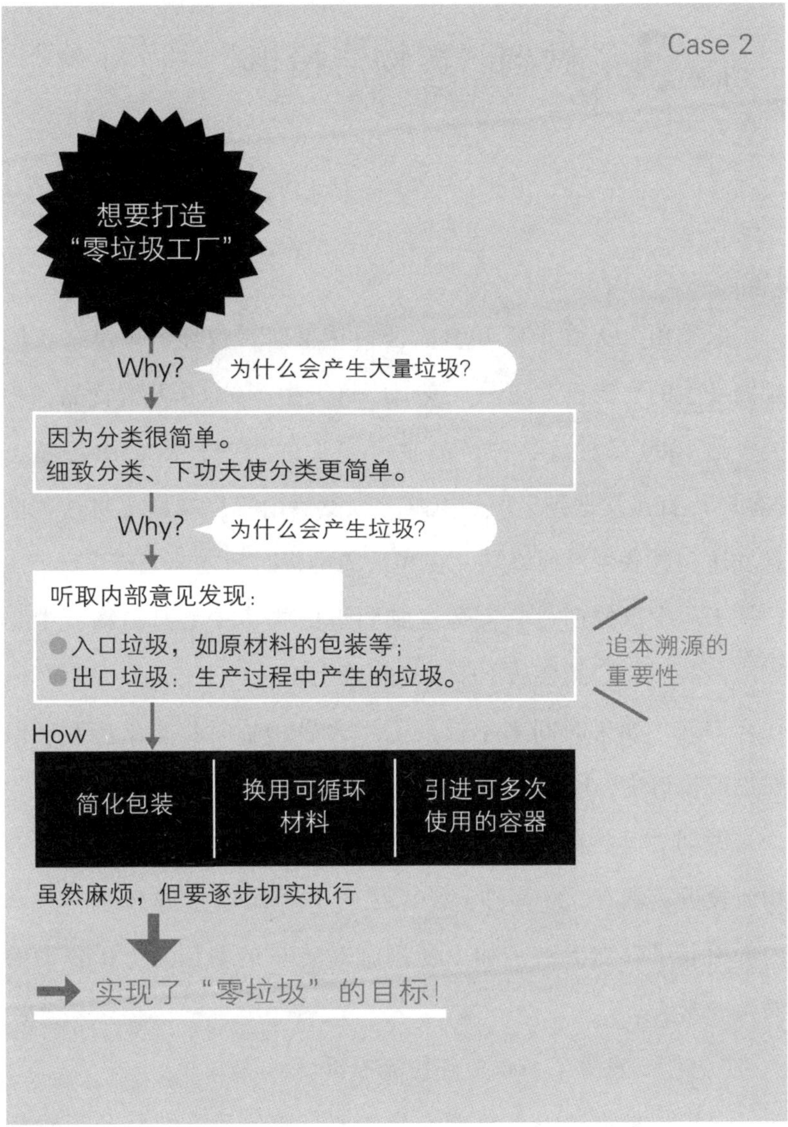
Case 2
想要打造“零垃圾工厂”
Why?
为什么会产生大量垃圾?
因为分类很简单。
细致分类、下功夫使分类更简单。
Why?
为什么会产生垃圾?
听取内部意见发现:
●入口垃圾，如原材料的包装等;
●出口垃圾:生产过程中产生的垃圾。
追本溯源的重要性
How
简化包装
换用可循环材料
引进可多次使用的容器
虽然麻烦，但要逐步切实执行
实现了“零垃圾”的目标!

Case 3 做到“零物流投诉”

原丰田人 A 在担任 B 食品公司董事时，曾经处理过某工厂频繁发生的物流投诉问题。该工厂每天生产约 60 万盒食品，种类多达 1000 余种。哪种产品生产多少的生产计划会由各超市（客户）直接发送到工厂的电脑上，然后由工厂视情况将这些信息发送到各条生产线终端，在当天的出货时间之前完成生产。

工厂生产的产品会被运送到附近的物流中心。在物流中心完成分装后，产品会从下午 4 点到晚上 11 点，由约 80 台货车运往客户处。如果时间来不及，工厂会启用临时货车来应对。但在物流投诉中，除了延迟，还有缺货、破损、发错货品等问题。

做到“零物流”投诉非常困难。B 公司在某个月里收到的物流投诉竟然有 300 多件，是以往的 10 倍以上，这件事在公司内部引起了轩然大波。加上使用临时货车的费用等，B 公司的损失非常大。

“为什么发生了 300 多件物流投诉？”

以厂长与物流中心负责人为中心，B 公司立即召开了对策会议，得出的结论是“因为分装货物时花费了太多时间”，并决定投入 2000 万日元购入新机器。但是，收到会签文件的生产总部部长却心存疑虑：**“这样做真的能解决问题吗？”** 他暂时保留了会签文件并拜访了丰田顾问 A，向其说明了情况，咨询是否有更好的办法。

于是，A 亲自视察了工厂和物流中心，通过追问“为什么”，花了几个小时进行调查，最终发现了两个问题。

（1）出货晚点的原因，70%是分装较慢。

（2）慢的原因主要有五个：

① 工厂的生产比计划要慢；

② 工厂里放置产品的位置不合适，查找浪费时间；

③ 合作公司的外来订单入库延迟、产品错误；

④ 分装货物的人手不够；

⑤ 生产数量不够，给客户分装货品时，总是最后一家客户的产品数量不足。

针对这些原因，通过进一步追问“为什么”，A 又找到了三个原因。

① 生产时，工厂生产线的负责人并不了解产品的准确出货顺序和出货时间，导致货物无法按照要求的品类、时间和数量送达物流中心；

② 物流中心为了在发货时间内发货，不得不先把已送到的产品按顺序进行分装，几乎每次都会出现缺少某位客户的产品或者产品数量不足的情况。

③ 工厂经常很晚接到外来订单，所以无法按照计划进行生产。

也就是说，物流投诉的真正原因不仅在于物流中心的分装慢，还在于工厂自身的生产方式。如果工厂能在交货时间内按照所需数量生产全部产品并交给物流中心，接下来只需要改善物流中心的业务（购入机械、增加人员等）就能大幅减少物流投诉。而如果核心的产品都无法按时生产出来，那么无论怎么改进都会产生物流投诉。

于是，A 针对生产总部整体的问题成立了专门项目组，就工厂的生产方式、信息的沟通、合作公司的订单机制、物流中心人员的补充强化、业务的标准化等问题开展了教育和培训，并对物流中心的工序和设备进行了改善，最终大大减少了物流投诉的次数。

物流投诉难以消除，主要是因为没能找出问题发生的真正原因。很多时候，工厂容易将缺少产品的责任推给物流中心，认为是分装的问题，或者以精神论为借口，认为人做事难免会出错，只要真诚地向客户道歉，鼓励大家继续努力就行了。

什么问题都不能偏离真正原因采取措施，否则只能暂时解决问题，而无法从根本上消除问题。先设定一个困难的目标，再一步步追问“为什么”，就能逐步找到解决问题的根本之策。

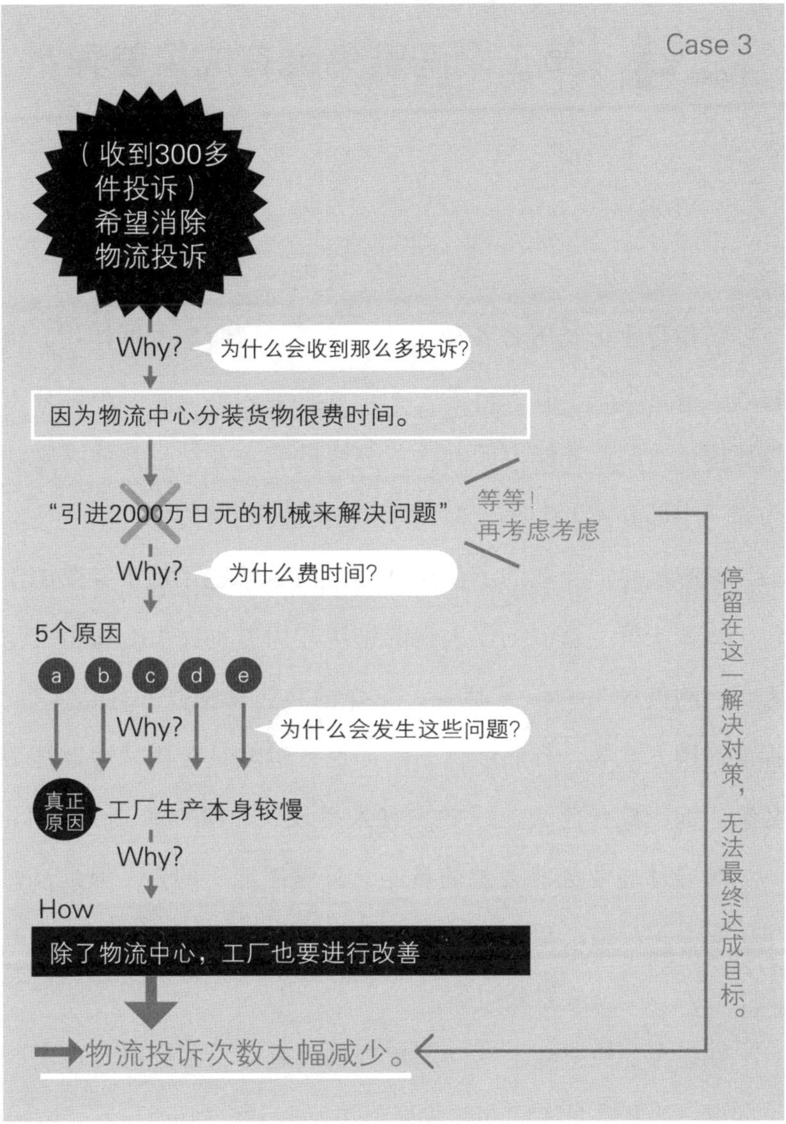
Case 3
（收到300多件投诉）希望消除物流投诉
Why?
为什么会收到那么多投诉?
因为物流中心分装货物很费时间。
“引进2000万日元的机械来解决问题”
等等！再考虑考虑
Why?
为什么费时间?
5个原因
a
b
c
d
e
Why?
为什么会发生这些问题?
真正原因
工厂生产本身较慢
Why?
How
除了物流中心，工厂也要进行改善
物流投诉次数大幅减少。
停留在这一解决对策，无法最终达成目标。

Case 4 员工之间难免会有成果差异？

销售行业正经历着各种变革。曾经，宿命论发挥作用，销售人员被分为一小撮“销售天才”和其他人。只有一小部分人能发挥优秀的业务能力顺利达成亮眼的营业业绩，其他人则认为那一小部分人天生就与众不同，轻易放弃了努力。

某啤酒生产企业的子公司 A 虽然独家承包了超市等渠道销售，却苦于很多超市工作人员的销售能力差别巨大。每位工作人员大约负责 30~40 家店铺，工作内容包括检查并确认库存、提议促销方案等。有业绩优秀的，也有很多只会机械性地拜访各家店铺，没有什么业绩的。有人提议说，既然差别这么大，不如解雇那些业务能力差的员工，只聘用能干的人。但是，如果一家公司只想汇集天才，选择通过每个月招聘很多人来留下能干的人，那就成黑公司了。

在思考如何避免上述问题出现的过程中，A 公司发现了一个问题：为什么员工之间的成果存在那么大的差异？

优秀员工并没有比一般员工付出更多的劳动时间。**大家都**

在工作，成果却迥然不同，其中除了“能力”与“资质”外，是否还有什么其他因素？如果有，那么通过激活这些因素，是否能提高一般员工的能力与成果？

为了找到答案，A公司尝试性地将销售活动进行了“可视化”。总部经理选出了100名优秀员工一起去拜访客户，调查这些员工“在做什么”，“为什么能取悦客户”。

通过调查，A公司逐渐掌握了优秀员工平时会做什么活动、如何提高与客户的亲密度等问题。于是，A公司以优秀员工的活动为基础，制作了“最低限度活动项目指南”。

其内容包括：(1) 卖场跟踪；(2) 情报收集，汇总其他公司动态；(3) 举办活动以增加订单；(4) 提交促销企划方案；(5) 扩大卖场等。此外，指南中还附有“提出过促销企划吗？”“对方是否考虑过促销企划？”“是否张贴过海报？”等问题。

随后，总部经理让走访超市的员工针对这些问题逐一回答“是”或“否”，并将调查结果寄回了总公司。统计结果上，每位员工做过哪些活动、效果如何等一目了然。大部分做出业绩的员工回答“是”的多，没有做出业绩的员工回答“否”的多。

当然，做调查的目的不在于比较谁的“是”多，谁的“否”多。A公司希望能通过这些问答让做不出成绩的员工明白怎样才能做出成绩。如果“否”较多，就思考如何才能把

“否”变成“是”，并进一步采取行动。

有些员工业务能力强并不是因为他们有特殊才能，而是因为他们愿意踏踏实实做好每一件应该做的事。明白了这一点，其他员工才能转变想法，相信自己也能脚踏实地地做好每一件事，这才是最大的收获。

不知道为什么，销售行业总有一种倾向，把能干的人当成“特殊的人”来对待。

“那家伙是特殊的”，这种想法只会让人止步不前。如果能坦率地问问“为什么”，思考为什么有人能做出如此好的业绩，我们就能获得更多学习与做活动的启示。

A 公司此前一直用“能干”“不能干”来评价销售人员，却从未问过“能干的员工”，“为什么能做出业绩”。对于“不能干”的员工也是一样，只看成绩，简单评价这个员工很能干、那个员工不行，却从未了解过他们为什么做不出成果。

最终，A 公司从“为什么员工成绩参差不齐”入手，通过将优秀员工的工作标准化和可视化，成功提高了销售人员整体的业务能力。

丰田在日本从零开始建立雷克萨斯专卖店时，设定的目标是“没有一个人是零”。在服务行业，10 个员工中，只要有 1 个人的工作是零，那么即使其他 9 个人都非常优秀，给客户的印象也会近乎零。按照丰田式思维，只有大家都非常优秀，才能成功创立雷克萨斯这一品牌。

销售成果有高有低很正常，但只将这种差别归因于个人能力没有任何意义。转变想法，从“活动方式、提案核心”等方面找原因，不仅能有效改善销售状况，还能让大家都成为优秀的人。

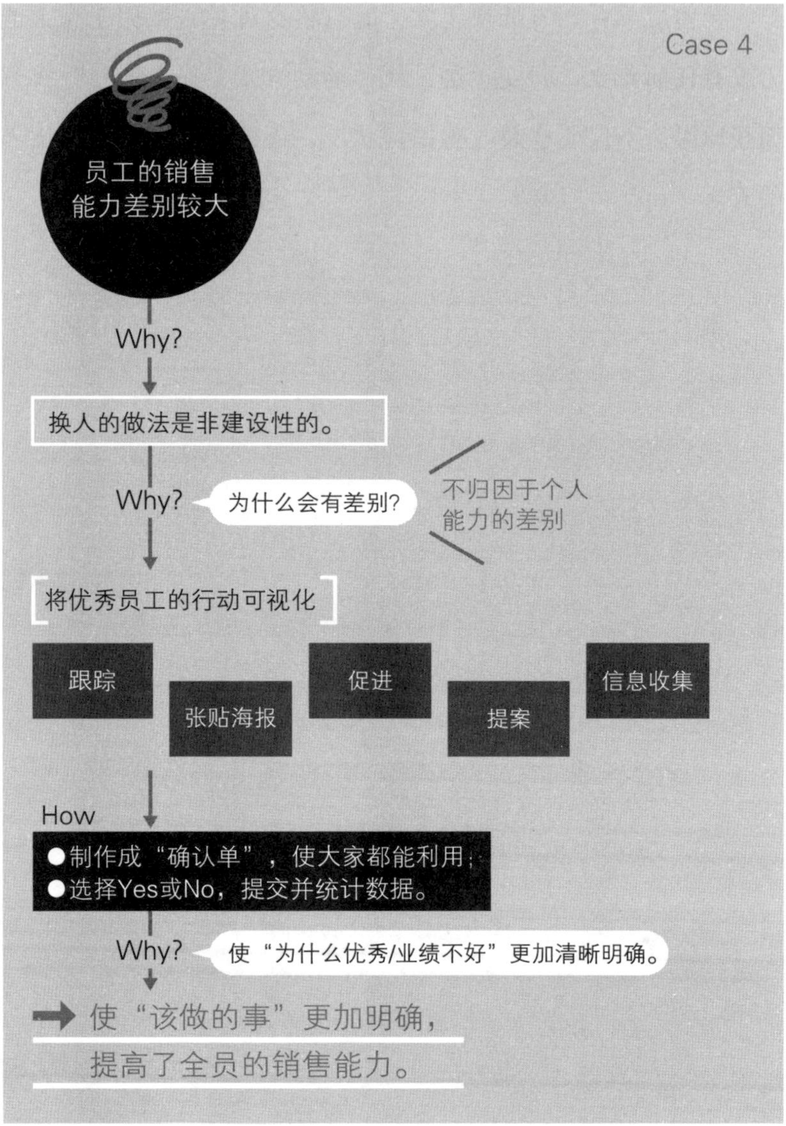
Case 4
员工的销售能力差别较大
Why?
换人的做法是非建设性的。
Why?
为什么会有差别?
不归因于个人能力的差别
将优秀员工的行动可视化
跟踪
张贴海报
促进
提案
信息收集
How
●制作成“确认单”，使大家都能利用；
●选择Yes或No，提交并统计数据。
Why?
使“为什么优秀/业绩不好”更加清晰明确。
使“该做的事”更加明确，
提高了全员的销售能力。

Case 5 将职能部门的人员减半

说到“将生产率提高 10%”，一般认为是指生产部门的生产率。当然，单是完成这个目标也很不容易。事实上，很多企业的职能部门过于庞大，即使生产部门将生产率提高 10%，一旦把职能部门加进去，生产率也没有提高多少。

这样一来，企业很难提高整体竞争力。A 公司通过以丰田式为基础的生产改革，在提高质量、降低成本等方面取得了显著成果。随后，为进一步提高竞争力，该公司又瞄准了职能部门的改革，起初也是从问“为什么”开始的：

“生产部门的成本明明在大幅下降，为什么企业整体的成本却没什么变化呢?”

改变产品的生产方式后，A 公司的生产成本开始大幅下降。可一旦加上职能部门的经费，成本降低的效果就没那么好了。

其原因在于职能部门的人数过多、经费过多。以往，A 公司会继续要求生产部门减少成本。但现在，A 公司通过“成本可视化”发现职能部门的成本才是问题的根本，于是得出了“削减职能部门的人员，打造具备竞争力的职能部门”的答案。

职能部门要求工厂进行改善、降低成本，其本身作为核心却什么也没有做，反而限制了企业的改革。

通过与同行其他公司进行比较，A公司设定了“将职能部门人数减少一半”的目标，遭到了强烈反对。反对的人指出：“我们都是经常加班才能完成工作，如果把人数减少一半，工作根本没办法完成。”职能部门的人并没有游手好闲，大家一样在努力工作和加班。

尽管如此，A公司仍然坚持改革，询问**“职能部门为什么需要这么多员工”，得到的答案是“工作量大”。于是，A公司开始针对每一项工作询问“为什么这项工作是必要的”“这项工作能起到什么作用”等问题，逐渐推动了改善。**

A公司按照以下五个步骤推进了职能部门的“少人化”：

(1) 从各部门选拔改善要员并使其专职化（免除日常工作，专门做改善工作）；

(2) 将工作分为有价值的工作、附带工作和无用工作，去掉无用工作，改善附带工作；

(3) 尽可能将其余工作的顺序标准化，极力减少“非谁不可”的工作。

(4) 活用标准作业指南，开展工作指南训练教育活动，让每位员工都能完成尽可能多的工作；

(5) 通过以上改革措施筛选空闲员工，让其负责新工作，实现“少人化”和“灵活用人”。

在日本“减少人员”一般写作“省人化”，而丰田称之为“少人化”，意思是用尽可能少的人完成工作，而不仅仅是节省劳动力。此外，丰田式做法还有一项规定：“减少人员时，要去掉最能干的人。”

减少人员时，企业一般会将不能干的人或者难以掌控的人员去掉，就像要摆脱麻烦一样。而要想利用“去掉的人”开创新的业绩，“能干的人”是绝对条件。A公司去掉最能干的人后，紧随其后的第二位会自觉担负责任成长起来，这与丰田的经验如出一辙。

结果，A公司将人员减少一半后，员工的加班时间并没有增加，各部门的工作也都进展顺利。A公司老板感慨道：

“原来我们仍有余力。之所以忙碌，是因为我们把不必要的工作当成正事来做了。为提高职能部门的竞争力，减少人员后，有价值的工作和无用的工作被自然而然地区分开来，让我们在工作方式上下了一番功夫。结果，我们不仅提高了工作的质量，还促进了员工的成长。”

不仅是职能部门，减少人员时如果什么改善措施都不做，任何部门都会造成劳动负担加重。A公司能够成功削减职能部门的人员，起步于“为什么需要这么多员工”的疑问及随后不断追问的多个问题，如“为什么有这么多工作”“这些工作都是必要的吗”“这份工作需要多少人、多少时间”等，从而通过一点一滴的改善，完成了“将职能部门人数减少一半”的目标。

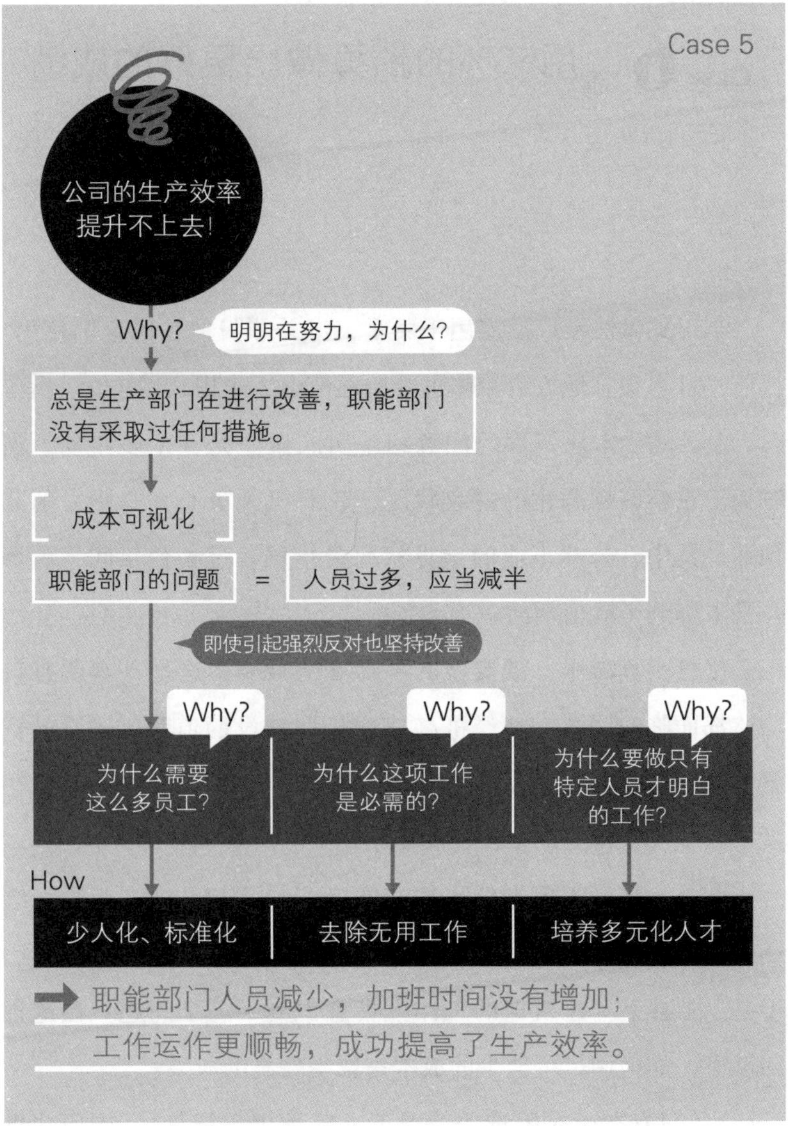
Case 5
公司的生产效率提升不上去!
Why?
明明在努力，为什么?
总是生产部门在进行改善，职能部门没有采取过任何措施。
成本可视化
职能部门的问题
=
人员过多，应当减半
即使引起强烈反对也坚持改善
Why?
Why?
Why?
为什么需要这么多员工?
为什么这项工作是必需的?
为什么要做只有特定人员才明白的工作?
How
少人化、标准化
去除无用工作
培养多元化人才
职能部门人员减少，加班时间没有增加；
工作运作更顺畅，成功提高了生产效率。

Case 6 用50%的预算做出更好的成绩

丰田式做法被广泛应用于民企，但并非只能在民企中使用。目前，日本很多地方自治体也开始逐渐引入丰田式做法。

A县的土木建筑部门注意到丰田式做法是在十多年前。当时为了重新整顿恶化的财政状况，政府机关决心齐心协力削减预算。其中，公共事业的预算状况更糟糕：过去数年间，预算几乎下降到了峰值期的一半。

尽管预算减半，需要做的事却不能减半，这是日本所有自治体都面临的困惑：在经济高速增长期铺设的道路、建设的桥梁等逐渐老化，维护费用在逐渐增加；同时，居民的需求也在发生巨变，变得更加多样化和复杂化。

此外，尽管需要做的事情非常多，预算却一直在减少，继续遵循以往的做法无法整顿社会资本，也无法满足居民需求。于是，A县土木建筑课的工作人员意识到了一个问题：在这种困境下，如何用尽可能少的成本来取得较高的成果？

“人只有在面对困难的情况下才能催生出智慧”，丰田式思维经常这样教导我们。只要有充足的资金、人员和设备，生产产品就不是难事。但要用有限的资金、人员和设备来生产产品，就只能绞尽脑汁想办法。丰田式思维认为：尽管这很不容易，但在严峻条件制约下诞生的智慧和产品，才真正具备竞争力。

为了寻求解决方法，A 县工作人员想起了丰田式做法。当然，并不是所有人都赞同。对于工作人员提出来的方案，既有人积极协助，也有人提出“方案是否真正有效”“这种方案其实一直在做”的异议。**任何改革都是如此，积极赞成的人最多占两成，剩下的八成要么认为应视情况而定，要么强烈反对。此时，最有效的方法是试着做一做。**

通过模拟显示改革成果，只能算是纸上谈兵。那么，具体应该怎么做呢？

面对“为什么得不到大家的理解”的质疑，A 县工作人员的回答是：“我们先试一试。如果进展顺利，就一定能得到大家的认同。”于是，他们很快选定了一个项目。

一次成功带来了丰硕的成果

他们选定的项目是道路改良计划。针对由专业人士提出来的改良计划的不满之声是最多的。有人认为“按照这点预算，最多只能做成这样”，但 A 县工作人员还是尝试思考：

“为什么这些预算最多只能做到这种程度？这真的已经是极限、最佳结果了吗？”

为了寻找答案，他们首先采取了“现地现物”（亲赴现场，观察实物）的措施。以往，这种计划一般会交给专业人士，工作人员只需要批准计划。但这一次，全体成员亲自前往现场，实际考察了现有道路的周边规划地点和汽车辅助道路的规划地点，并且认真走访、听取了受此次计划影响的相关人士的意见。在公共事业中，站在使用者的立场考虑问题很重要，但实际只会听取部分人士的意见，不会广泛听取大家的意见。

工作人员的目标不仅是削减成本，他们更希望打造比现在更好的、服务于使用道路的居民的公共事业。削减成本导致频繁发生的错误在于过于追求低成本，忽略了非常重要的安全、品质及居民满意度。他们的目标是在削减成本的同时保证便利性，获得居民的认可。

与以往的做法相比，工作人员把更多的时间和精力用在了实地调查上，收集了大量信息，并从中得出了240个想法。过去是先由专家提出计划，工作人员只需要坐在会议室里进行讨论，而通过此次实地考察、观察实物并听取相关人士的意见，工作人员萌生了很多新想法。

最后，通过把这些想法整合到一起，工作人员用以往业务三分之二的预算就成功改良了道路。此次成功意义巨大，它不仅从实际上削减了预算，还切实反映了当地居民的心声，工作人员更是尝到了挑战新事物的喜悦。

日本政府机关的工作人员总是习惯于维持现状，他们善于遵循先例，采取过去的做事方法，而不善于利用自己的智慧做到更好、更快、更便宜。他们习惯性地认为预算就是要用完的，不会有产生剩余的想法，所以 A 县的挑战非常有勇气。此后，他们还用同样的方法重新检查了多个公共事业项目，并成功削减了数十亿日元的成本。

不要认为预算减少一定会导致无法完成的业务增多，而要绞尽脑汁思考为什么不能用更少的预算来完成任务，或者视情况思考为什么这项业务是必需的。如此一来，才能打造更优良的公共事业。

Case 6

哪怕公共事业的预算减半，也要做出成绩！

先尝试一下。

同行：这点预算只能做到这样。

Why? 为什么只能做到这样？

彻底调查：

- 到实地考察；
- 听取相关人士意见。

目标：削减成本的同时兼顾便利性，获得居民认可。

确定新目标！

How

萌生240个想法！

→ 用以往预算的2/3完成了目标。

→ 工作人员体会到了挑战的喜悦。

Case 7 将交货期从40天缩短到3小时

有一种说法，一家生产商的生产能力要看仓库。这里的“看仓库”指的不是看仓库里有多少东西，而是看仓库的整理整顿是否完善。无论是产品，还是零部件和部材，都要达到连新人也能按时、按需取出的程度。然而现实与理想相反，有的企业仓库里存放了很多东西，处于“要找的东西找不到，找到的尽是没用的东西”的尴尬境地。

某房屋建造企业的董事A曾是丰田人。他认为，要想更好地建造房屋，合作公司也必须进行改革，因为无论房屋建造企业怎么改革，只要合作公司无法按时、按需提供所需物品，一切就毫无意义。

然而，多数合作公司采取的都是大量生产型的生产方式，在交货期上存在很大差异，B公司也一样。当时，B公司的产品交货期一般有40天的和30天的。A认为这样根本无法进行改革，于是问B公司为什么交货期需要30天，甚至40天。

原因在于B公司的生产方式。B公司采取的是今天生产C公司的产品，明天生产D公司的产品的生产方式，各自按照每月一次的生产进度来集中生产。作为生产方，集中生产效率更高，并且通过入库保管，随时可以满足订单需求。

然而，需要建造住宅的客户的需求越来越多样化，当房屋建造商对每一栋楼的所需物品进行逐一详细订购时，总会有一些物品是库存里没有的。届时，由于需要等待 B 公司在数日后进行生产，交货期不知不觉就变长了。当时，这种生产方式是业界的常识，B 公司也没察觉到有什么不合理。但是，A 坚持要构建按时、按需提交必需品的制度。

于是，A 邀请 B 公司老板参观了丰田工厂。最令 B 公司老板震撼的是“丰田不需要找东西的人”。在丰田，所有的产品都经过了完善的整理整顿，生产线上按时、按需传送着必要物品。自然，丰田也不需要巨型仓库。

随后，B 公司老板分析了自家公司的作业情况，发现由于仓库里高高堆积着货物，放不下的东西就只能堆在外面，所以在准备用于生产的零部件和部材时产生了很多寻找、重新堆放、搬运等作业。产品出货时也是如此，需要在非常多的产品库存中找到所需物品并搬运出来。

B 公司一直把这些作业当成“工作”，而这些在丰田都被定义为“无用作业”。B 公司自以为员工工作了 8 小时，但能在真正意义上产生附加价值的作业时间其实只有 1~2 小时。为什么 B 公司的交货期需要 30 天，甚至 40 天？因为采取了大量生产型的生产方式。实际上，大量生产型的生产方式会产生大量库存

(零部件、部材、产品等)，增加寻找、搬运、取货等无用作业，造成作业效率低下、成本增加、利润率下降、竞争力下降等后果。

于是，B 公司老板开始对仓库等进行彻底的整理整顿，并从多条生产线中选出一条作为模范生产线，尝试采取丰田“根据销售情况逐个生产产品”的生产方式。

一般认为，改革最好能一气呵成。但实际上，这种做法会遇到很多麻烦和问题。因此，丰田一般会先在模范生产线上试验新的生产方式，然后再在彻底完善后推广到整条生产线。

B 公司一开始也遇到了各种各样的问题，后来通过听取员工的意见、群策群力推进改革，在数月后成功做到了“当天生产并出货客户早上下单的物品”。从此，B 公司不再需要多余的库存，以往货物高高堆积的仓库里只会放置最低限度的必需品，曾经堆放在外面的部材也都消失不见了。

B 公司表示：“在交货期方面，曾经需要 30 天甚至 40 天的物品，现在都能在 3 小时内完成生产。例如早上接到订单，下午我们就能完成新门和窗框的出货。”

不要把当下所做的事情当作是合理的，通过多问“为什么”，企业会有新发现，进而获得巨大的飞跃。

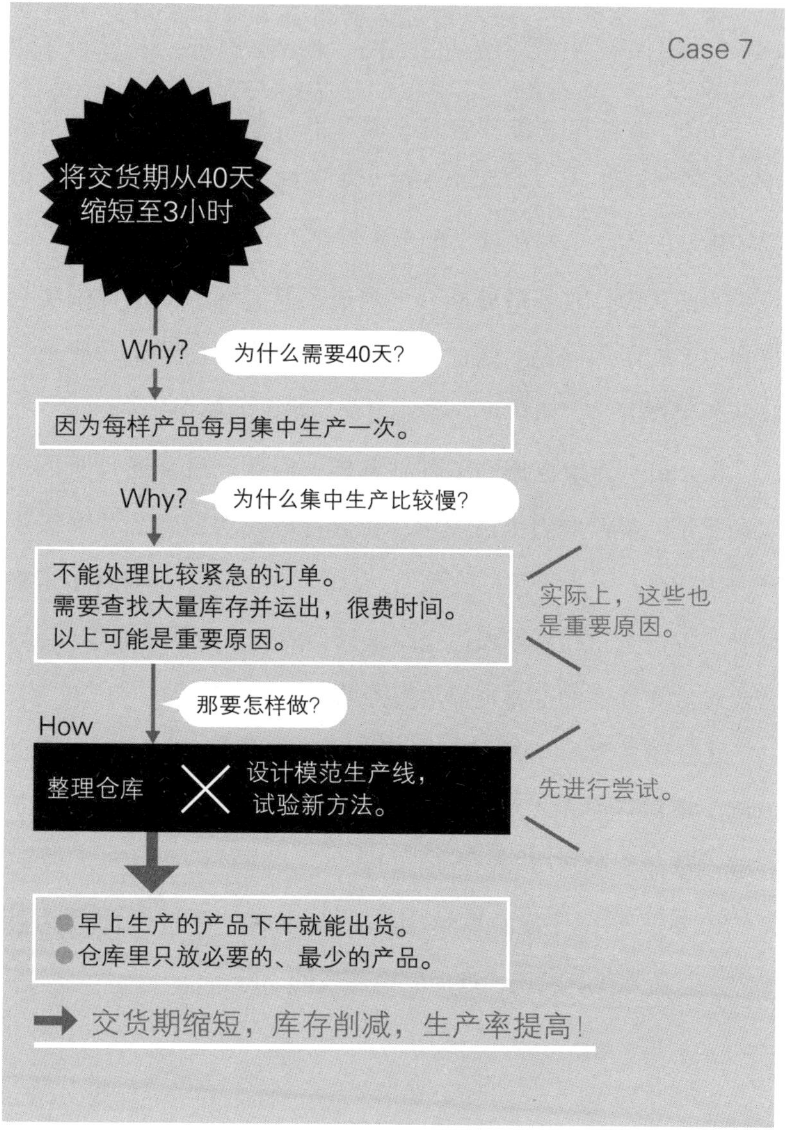
Case 7
将交货期从40天缩短至3小时
Why?
为什么需要40天?
因为每样产品每月集中生产一次。
Why?
为什么集中生产比较慢?
不能处理比较紧急的订单。
需要查找大量库存并运出，很费时间。
以上可能是重要原因。
实际上，这些也是重要原因。
那要怎样做?
How
整理仓库
设计模范生产线，试验新方法。
先进行尝试。
早上生产的产品下午就能出货。
仓库里只放必要的、最少的产品。
交货期缩短，库存削减，生产率提高!

第2章 总结 完成“难以完成的目标”的方法

本章主要介绍了针对一般被认为“绝对做不到”“不可能完成”的问题的处理方法，总结其要点如下。

①目标是指“量”

丰田式中有一种思想是“定量不定时”。例如，假设“看板”上写着“搬运5个零部件”，收到“看板”任务的人就会向箱子里放5个零部件，然后搬去下一道工序，这个过程中并没有规定“什么时间”要完成。这种情况下的“什么时间”意味着“如果没有了”。

换言之，丰田式中的目标是“量”，而不是“时间”。如果规定了截至什么时候制造出什么产品，就会出现在截止时间完不成任务的人。而如果将目标设定为“直到能够做到”，那么任何人只要不放弃就都能完成。此外，时间是由实力决定的，只要努力，只要肯下功夫，所需时间就会越来越短。

这就是丰田面对“难以完成的目标”的做法。按照丰田式的基本思维方式，不同的人完成目标的时间或许有长有短，但是任何人只要坚持下去，绞尽脑汁不断反复尝试，就一定能完成难以完成的目标。

1 目标是指“量”

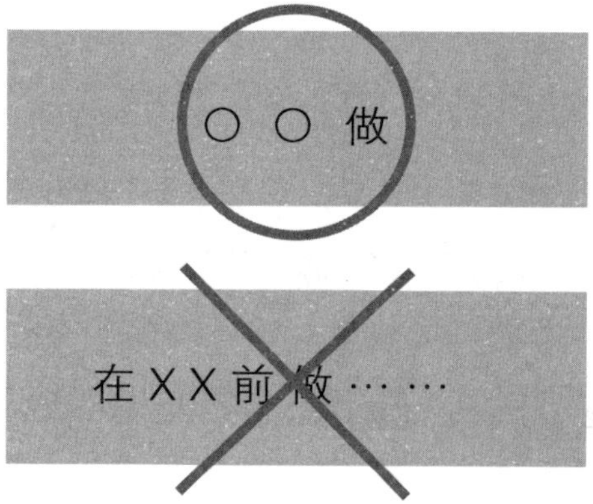

②下决心“做”

丰田创始人丰田喜一郎决定挑战汽车生产业务时，几乎无人赞同。从事汽车产业需要有很多能够供应零部件的合作公司，大财阀、大企业普遍认为这在当时的日本几乎是不可能的。

其他人在讨论日本的汽车产业能不能做起来，而丰田喜一郎从一开始就决定要做这件事。决定做一件事后，剩下的就是研究如何做。

面对难度较大的课题，寻找做不到的借口无济于事。首先要下决心做这件事，然后才会催生出如何做的智慧，这就是丰田面对难题时的基本态度。

2 下决心"做"

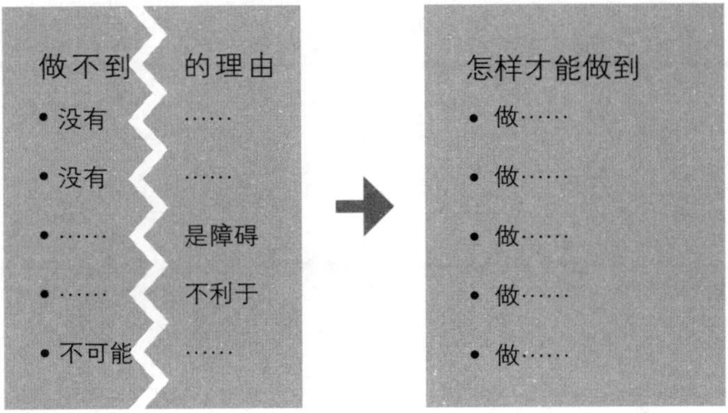

第 3 章

利用丰田式5W1H 思考法
改善工作现场

一起解决工作现场每天需要面对的课题

第 1 章和第 2 章主要介绍了面对比较大的课题时提问“为什么”的重要性。本章将介绍一些面对“平时虽然在意，但太忙而无暇处理”的问题，通过提问“为什么”得到解决的案例。

例如，你是否有过这样的经历，职场上出现的污渍很碍眼，但是擦过后很快又会脏，久而久之你就不再在意了。或者，你是否常常为因辛苦完成的工作出了一点小错误不得不推倒重来而烦躁不已？又或者，周围有没有“组装三恶”（参考第 123 页）等问题长期“称霸”你的工作和生活？

面对重大问题，每个人都想认真对待，尽力解决。而面对日常频发的小问题和小错误、小失误，我们虽苦于问题不断，却又会因为还有很多其他的事情要处理，而不愿意在解决这些问题上花费过多的时间和成本。

诚然，在日常工作中，我们经常会遇到一些小问题或者小差错，没有人会特意花时间认真改进。但实际上，这些小问题正是造成大问题的根源，也很可能导致工作环境变得令人不适。

丰田式改善的基本思路是：当你在工作中感到厌烦、厌倦、不想做时，就要想一想如何才能让自己变得轻松一些。“丰田式 5W1H 思考法”对于处理这些小问题和小状况也非常有效。

要想使工作环境变得更好、工作做得更好，关键是要面对小问题和小状况，多问“为什么”，而不是一味忍耐或者等到有时间后再处理。

企业管理者更是如此。只有做到这种改善的积累，才能改变工作环境，改变工作方式，改变每一位员工。

Case 1 一起解决打扫不干净的问题

不仅是生产现场的工作人员，所有人都希望能在干干净净的环境中工作。正因如此，我们才会在看到垃圾时顺手捡起来，看到污渍时立刻擦拭干净。如果长时间由于工作忙碌而没有时间打扫卫生，那么不知不觉就会陷入“最近比较脏”的状态。

A公司是一家机械生产企业，一直无法摆脱“有点脏”的状态。该公司一直在定期进行大规模清扫，也会在业务完成后进行打扫和擦拭，但始终无法达到理想的清洁状态。

以往这种“有点脏”的状态还能糊弄过去，但A公司准备新接一些电子产品的生产订单，订购方的母公司在参观其工厂后表示：在这么脏的环境中，工作是无法完成的。

电子产品的生产需要一直保持干净状态，但A公司的现状是清扫之后比较干净，过几天又会变脏。这种情况下，A公司无法承接电子产品的生产订单，因为电子产品必须远离尘埃和垃圾。

于是，A公司尝试通过利用“丰田式5W1H思考法”提出问题:“为什么一直在打扫却总也打扫不干净?为什么无法一直保持干净的状态?”

通过查找每处污渍的形成原因,A 公司发现问题出在自己使用的机械和工作方式上:

(1) 部分机械存在漏油问题,滴漏下来的油在地板上扩散,会沾上垃圾等脏东西;

(2) 用涂装的机械多少会飞溅一些涂料,所以地板和墙面上会有污渍;

(3) 在生产线附近拆解零部件等物品的包装容易弄脏工厂的地板,导致到处堆满垃圾;

(4) 预料到不良品的情况而订购多于所需数量的零部件等物品,导致工厂到处都放置着用不上的物品;

(5) 日常清扫以“手能够到的地方”为核心,手够不到的地方和注意不到的地方则不会打扫,工厂的角落不干净。

逐一找出污渍出现的原因,能清楚地显示出有多少个地方是无论打扫得多么干净都很快又会弄脏的。不解决这些问题,就无法维持干净的状态。

于是,A 公司立即采取了根本性措施:曾经漏油的机械,通过维修使其不再漏油;通过改进涂装器械,尽可能减少涂料的飞溅问题;不再在生产线附近拆包零部件,通过与合作公司商谈，采用更简易的包装，减少污渍和垃圾；针对多余的零部件问题，通过向大家灌输“在必要的时间内、按照必要的数量、订购必要的物品”的思想，不再订购多于所需数量的零部件。

通过这些改善措施，A公司逐一解决了污渍问题。同时A公司认为，要想一直维持干净状态，必须进行彻底的清扫，让清扫成为大家的习惯。

有一种说法是“表面的5S”和“背后的5S”。职场上，我们能看到的地方的整理整顿与清扫往往做得很到位，但是天花板和高处的窗户、墙壁，放置物品的角落和墙边墙角，机械、桌子、收纳架下方等处却总被以“手够不到”“不会引人注意”为借口忽视清扫，积满灰尘。

如果放任这些“背后的5S”不管，即使彻底做到了“表面的5S”也无法达到无一灰尘、无一垃圾的状态。于是，A公司决定全体出动，包括职员、管理层、董事在内，对工作场所进行彻底清扫。其采取的措施是：把墙壁和地板划分为一个个A2大小的范围，全员各自负责自己的部分，进行彻底清扫。

根据“破窗效应”，人们容易在不干净的地方丢垃圾或者弄脏东西，而在干净得闪闪发光的地方会犹豫。A公司在将所有地板、墙壁打磨干净的同时，还处理了漏油机械、涂料飞溅等问题，从而成功创造出了“一直清洁”的环境。

A公司甚至还规定了每天10分钟的“整洁时间”（Beauty-Time），要求全员每天拿出10分钟时间停下手头的工作进行清扫。制定这一规定时，A 公司的工厂已经处于非常干净的状态了，但是为了贯彻“清洁的职场需要自己来守护”的理念，A 公司决定将每日清扫列为常态。

大野耐一在讲到“发现问题就立即停止生产线”这一做法的真正意义时曾经说道：“这样做是为了‘打造一种让它停都停不下来的生产线’。”A 公司的目标也是用自己的双手创造出“想弄脏都弄不脏的工作环境”。工作环境的脏乱一定有其原因，很多个小原因积累起来就变成了弄脏工作环境的大原因。

创造干净整洁的工作环境要求企业逐一认真分析污渍和脏乱出现的原因，在采取改善措施的同时转变工作人员的意识，这样做才是切实有效的。

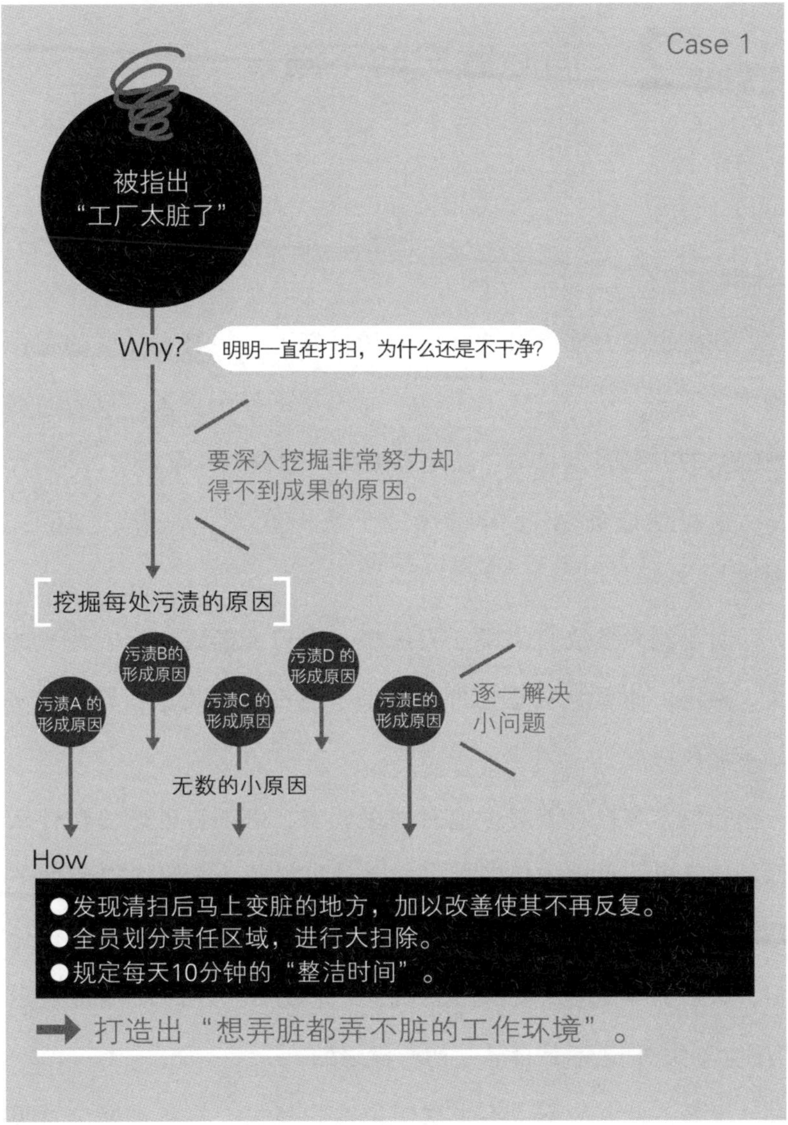
Case 1
被指出
“工厂太脏了”
Why?
明明一直在打扫，为什么还是不干净?
要深入挖掘非常努力却
得不到成果的原因。
挖掘每处污渍的原因
污渍A 的形成原因
污渍B的形成原因
污渍C 的形成原因
污渍D 的形成原因
污渍E的形成原因
逐一解决
小问题
无数的小原因
How
●发现清扫后马上变脏的地方，加以改善使其不再反复。
●全员划分责任区域，进行大扫除。
●规定每天10分钟的“整洁时间”。
打造出“想弄脏都弄不脏的工作环境”。

Case 2 消除客户的不满

我想很多人都有过这样的经历：好不容易努力完成的工作因为上司的一句“这样不太行”而不得不推倒重来，或者向客户提交的方案因为一句“还是不太对”而被打回重审。

房屋建造商 A 公司就致力于减少这类“差错”“返工”问题。

对于绝大多数人来说，买房是一生只会经历一次或两次的重大决定。如果是买小物件，失手了也没多大关系，但是买房却不能这样。

当然，客户对于房子也有很多要求，例如自己想住在什么样的房子里、自己的房间想做成哪种风格等。按照 A 公司的工作流程，营业员一般会认真听取客户的要求并将其反映在设计上，最后开始建造。但是设计图纸完成后，客户却经常表示“感觉不太对”“不是自己起初所设想的”。

于是，营业员不得不再次听取客户意见，将各种修改意见反馈给设计部门，重新设计图纸。这种返工对于设计人员来说需要费大量的工夫，还会影响建筑材料的订购及工期。

营业员经常受到批评和严厉的指责，如“为什么一开始不认真听取客户意见？”“不能总是客户说什么就是什么，某种程度上必须坚持不让步！”，等等。很多营业员夹在公司与客户之间，苦不堪言。

这种情况对公司、营业员很不利，对客户来讲也不是好事。因此，A公司开始调查“为什么设计上总需要多次返工”，结果发现了以下五个原因：

(1) 设计前的意见听取不充分，客户的希望没有完全传达给设计部门；

(2) 受描述希望的客户的局限，听不到其家人的整体意见；

(3) 设计部门的图纸对于身为门外汉的客户来说不好理解；

(4) 营业员与设计部门间的交流不充分，意思沟通不到位；

(5) 建筑部门着急开工，用在营业和设计上的时间不足。

返工的原因不只出在营业员身上，还有客户。为找到问题的答案，包括设计部门和建筑部门在内，全体员工都必须采取措施进行改善，否则将无法消除返工问题。

于是，A公司采取了四项改善措施：

(1) 将意见听取会定在客户及其家人都在的周日或其他时

间，请客户全家人填写调查问卷，听取每个人对于家的想法；

(2) 在意见听取会的基础上，由营业员制作插画风格的设计图，并听取全体家庭成员对该设计图的感想；

(3) 在基本掌握客户全家人的想法后，营业员向设计部门发出设计要求，由设计部门制作出任何人都能看懂的插画图解；

(4) 由营业员、设计部门人员与客户进行详细交流，确定最终版设计图纸。

最大的改变是预留了充足的时间来听取客户及其家人的所有意见。丰田式讲求“沉郁迟钝”，即在开始做一件事情之前要充分听取各方意见，研究各种问题。只有这样，才能确保之后的工作进展顺利。

以往，A公司急于完成前期工作，没有充分听取客户的意见，导致在设计和建造阶段引发客户不满，需要返工甚至造成冲突。

随后，A公司通过采取花费充足的时间听取客户意见、在设计等交涉上使用插画图解、避免使用专业术语等措施帮助客户了解设计方案，精准反映出了客户要求。

通过不断改善，A公司的设计返工次数骤减，还改善了以往客户满意度会随着签约、开工、完成的推进而逐步下降的状况，进一步接近了“用客户能够接受的价钱为客户建造满意的家”的目标。

以往，A公司将设计返工、客户不满等问题归因于营业员的能力不足与客户的任性。后来通过询问“为什么”，A公司发现对整体状况的把握不足和交流的不充分也是导致问题发生的重要原因。

我们每天要面对的问题和冲突一定有它的原因，只有找到原因，我们才能逐一解决问题。

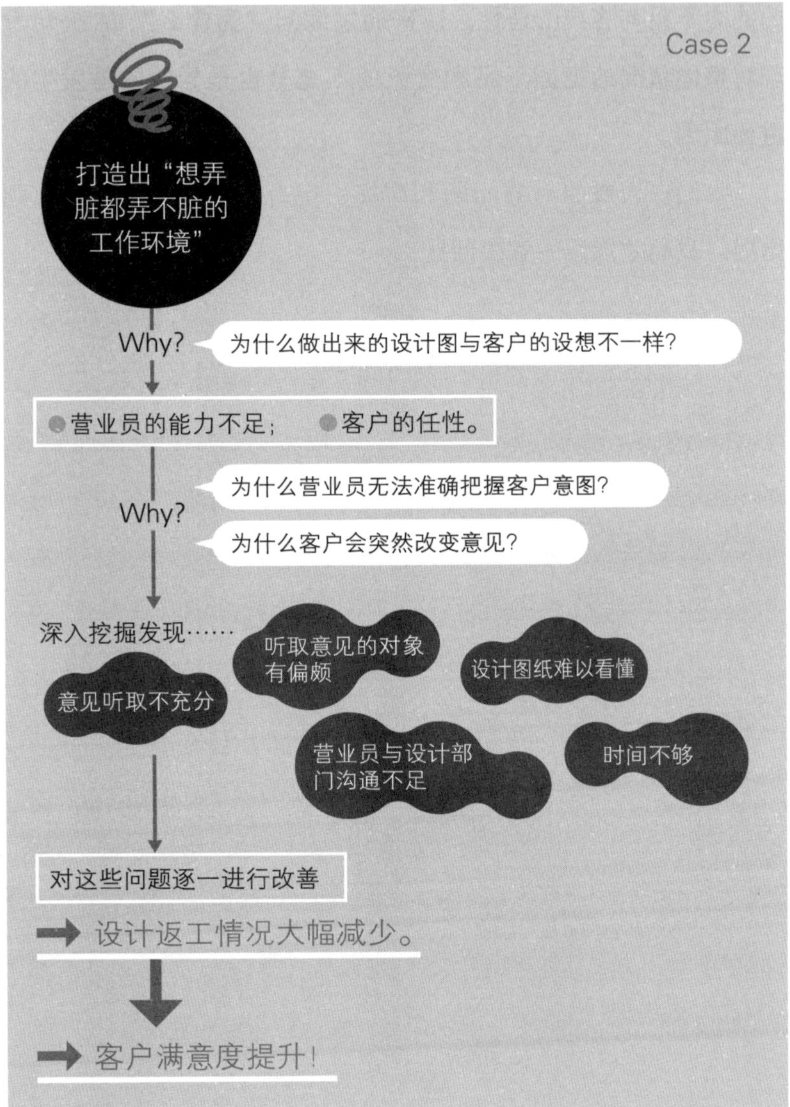
Case 2
打造出“想弄脏都弄不脏的工作环境”
Why?
为什么做出来的设计图与客户的设想不一样?
营业员的能力不足;
客户的任性。
Why?
为什么营业员无法准确把握客户意图?
为什么客户会突然改变意见?
深入挖掘发现……
意见听取不充分
听取意见的对象有偏颇
设计图纸难以看懂
营业员与设计部门沟通不足
时间不够
对这些问题逐一进行改善
设计返工情况大幅减少。
客户满意度提升!

Case 3 探索“卖不动”的原因的方法

有一种说法是“事情做不成的理由有成百上千个”，意思是人一旦不想做一件事，或者有做了也是白做的想法，就能找出无数个做不到的理由。但在工作中，无论你找出多少个做不到的理由都无济于事。在业绩差的企业工作的人也会找很多产品卖不出去和业绩提升不上去的理由，如“产品价格太高”“对手太强”“宣传不足”等。

某大型旅游代理店A公司做过一项关于“失败原因”的分析调查。参与调查的职员是课长级别，平均年龄为38岁，是最值得信赖的阶层。

从他们提交的失败原因来看，主要有以下四个：

（1）对方的关联企业有旅游代理店；

（2）有熟人在旅游代理店工作（客户更中意竞争公司）；

（3）计划与需求不一致；

（4）预算不合适。

乍一看，每一条都是正当理由，但如果就此放弃，则无法进行任何改进。于是，A 公司决定委托调查公司，找出与客户面谈“最终失败”的真正原因。结果，除了上述原因，还找出了四个营业员的个人原因：

（1）在约定的时间迟到；

（2）没有遵守提交计划的约定；

（3）礼仪较差；

（4）不整洁。

当营业员认为的原因与真正的原因之间存在巨大差异时，无论 A 公司怎样努力思考对策都不可能做出成果。只有当对策针对的是正确原因时，思考才会有效果。

丰田的销售店 B 公司曾经发生过一件事。某客户在决定买车之前花了相当长的时间，时间久到换了别人早就会放弃的程度。所以在交车那天，一直在意这件事的店长就问客户：“您为什么花了这么长的时间？是担心什么吗？”结果客户回答道：“你们店里的员工，衬衫上有一颗扣子开了，我总是很在意这件事。”

这个理由在年轻的营业员看来或许无法理解，但是对于客户来说，衬衫扣子开了的营业员不是值得信赖的对象，这让他在买车时非常犹豫。

又有一天，一名营业员向店长报告，称有一名上了年纪的老客户说“我不会再开车了，所以不买了”。也就是说，他们以后无法将车卖给这位客户了。

一般情况下，店长只会表示理解。但是这位店长非常了解这位老客户，于是问营业员：“这是他的真心话吗？为什么他说不再买车了？”员工回答不上来。于是，店长迅速拜访了这位老客户，并很快让他决定再买一辆车。

营业员非常吃惊，于是问店长：“客户明明跟我说不开车的。”店长解释说：“通过长时间相处，我知道客户有必须用车的理由。很可能是出于年龄上的考虑，他不知道该怎么办，才决定以后不开车了。所以，我没有向他推荐以前的车，而是推荐了安全性能更高的车。作为销售人员，我们必须读懂客户的心情。”

关键是不要一味向外寻求进展不顺的理由，而要切实寻找自己一定能找到的内部原因。

不要为客户看似合理的理由或销售人员迎合的借口所迷惑，要找到真正原因并立即着手去做一切能够做到的事情。无论环境如何，一定不要给自己找做不到的借口，因为只有认真思考“如何才能做到”并切实执行，才能做出成绩。

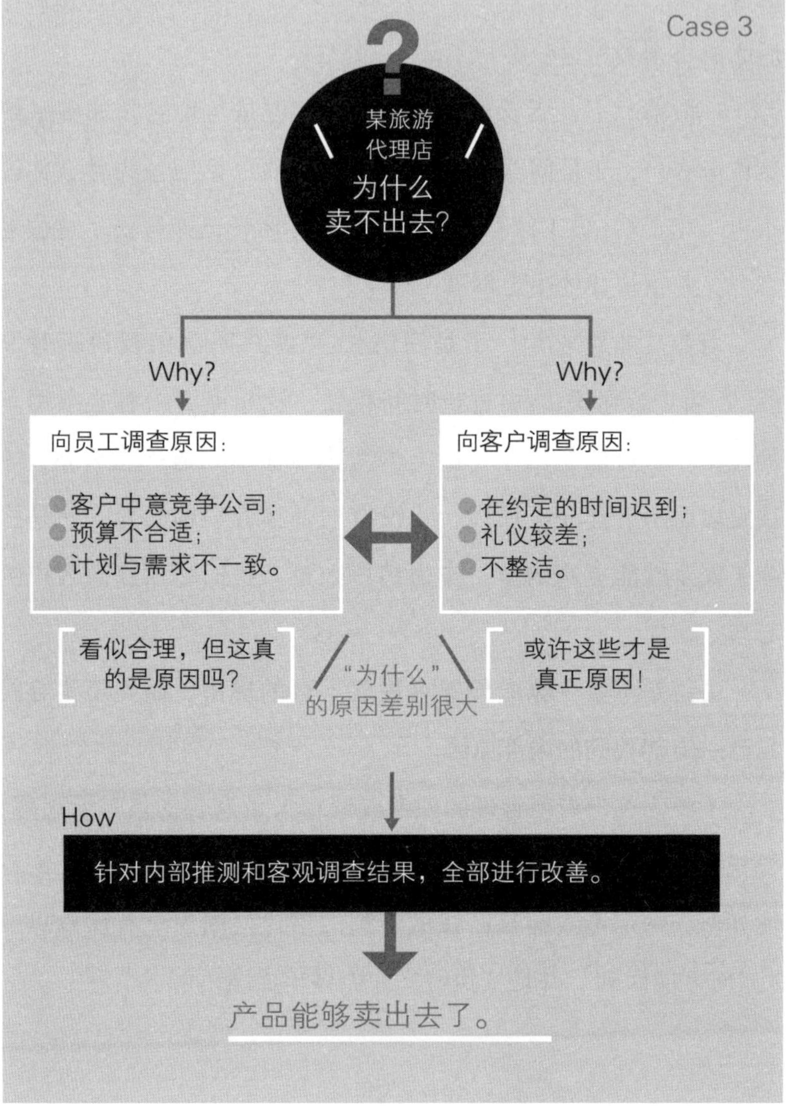
Case 3
某旅游
代理店
为什么
卖不出去?
Why?
Why?
向员工调查原因:
客户中意竞争公司;
预算不合适;
计划与需求不一致。
向客户调查原因:
在约定的时间迟到;
礼仪较差;
不整洁。
看似合理，但这真
的是原因吗?
"为什么"
的原因差别很大
或许这些才是
真正原因!
How
针对内部推测和客观调查结果，全部进行改善。
产品能够卖出去了。

Case 4 消除职场不和谐的氛围

丰田原社长张富士夫有段著名的论述:“很多人认为，制造现场只要买来机器、招来员工、投放材料，就能一个接一个生产出产品。但现实并非如此。是现实采取的做法有多好，或者说工人们的心有多齐、能否咬牙坚持等产生了企业之间的差别。”

随着IT技术的发展，越来越多的人认为企业和生产现场不再有齐心协力的必要。现实果真如此吗?在一家办公器械生产企业A公司人事部门工作的女员工B某有一个烦恼，那就是当她打电话联系全国各地的营业所和工厂时，不知道怎么做才能使沟通不那么生硬、让气氛更和谐。

每当上司交代打电话把某件事通知下去时，她都会不情愿地拨通电话，打完电话又后悔怎么又这样。她想知道是否只有自己这样，结果通过和其他部门的女员工聊天才发现，大家都有相似的经历。

于是，某天她和同事们一起开诚布公，向A公司老板说起了这个烦恼。A 公司老板则建议她们思考一下“为什么人际关系这么生硬、不灵活”。

结果，她们找出了很多原因，其中最大的问题是“因为互相不认识，不知道对方长什么样子，也不了解对方的工作，所以导致沟通不足”。于是，她们从上司、老板那里争取到了出差的机会，去参观营业所和工厂，并与那里的同事进行沟通和交流，互通工作内容的相关信息。而且，当营业所的员工来总部时，即使时间再短，她们也会创造机会和对方进行交流。

此外，由于隶属于人事部或财务部的员工不了解生产现场的工人在做什么，所以 A 公司会邀请他们一起参加改善发表会，让他们有机会了解大家都在做什么工作、改进工作做得怎么样等。

这些原本都是微不足道的小事，然而通过交流，人与人之间真正联系起来，关系不再像以往那么生硬，沟通也更加高效。此外，大家对他人的工作内容也产生了兴趣，了解了彼此的优点与难处，这也是一大收获。

以往，A 公司职能部门的员工对改善的兴趣非常低。随着对工厂工人们采取的改善措施的了解，职能部门也不甘落后，改善逐渐推广到了整个公司，非常可喜可贺。

也有人认为只要把工作做好，人际关系就没有那么重要了。然而对于企业而言，良好的沟通才能使大家齐心协力、群策群力，解决各种问题。

某大型企业曾经由于经营不善面临倒闭的危机。这家企业在重振经营的过程中尝试做了一件事：把公司的一个房间做成榻榻米式的联谊室。工作结束后，员工们可以聚在这里，光明正大地喝酒。

随着经营的恶化，该公司的内部沟通陷入了最糟糕的状态，令员工们疲惫不堪。员工聚在一起时，都在声讨董事或其他部门的责任。在这种氛围下，有些员工离开了公司，有些员工变得疑神疑鬼起来。正因如此，公司才需要设立沟通的场所。起初，员工们在联谊室里总是发牢骚、抱怨。但随着联谊活动的开展，员工们开始打破部门和课室间的隔阂相互交换意见，董事们也随之加入。通过沟通，大家开始理解其他部门的辛苦，不知不觉谈话变得积极起来。最终，该公司比原定计划更早地完成了重建。

当然，仅凭联谊室无法重振经营。当今时代，喝酒聊天不一定是最好的对策，但至少员工之间能够相互倾吐真心话，在群策群力中产生合作，获得力量，这是事实。

丰田有一套名为“构建纵横斜的人际关系”的做法，能创造一种场所让员工们打破部门、年龄和职业种类的壁垒，自由交流，从而构建起一种纵、横、斜向的人际关系。这一做法的初衷是构建一种人际关系网，以便有人遇到困难时能够找到其他人帮忙，大家齐心协力解决问题。

工作是人与人之间打交道，由一个人传递给另一个人来推进。为了能更好地完成工作，更和谐的环境、更圆满的人际关系必不可少。

很多人总是抱怨职场冷漠、令人不适，这时候不如试着问一问“为什么大家这么冷漠”，或许你会有新的发现。

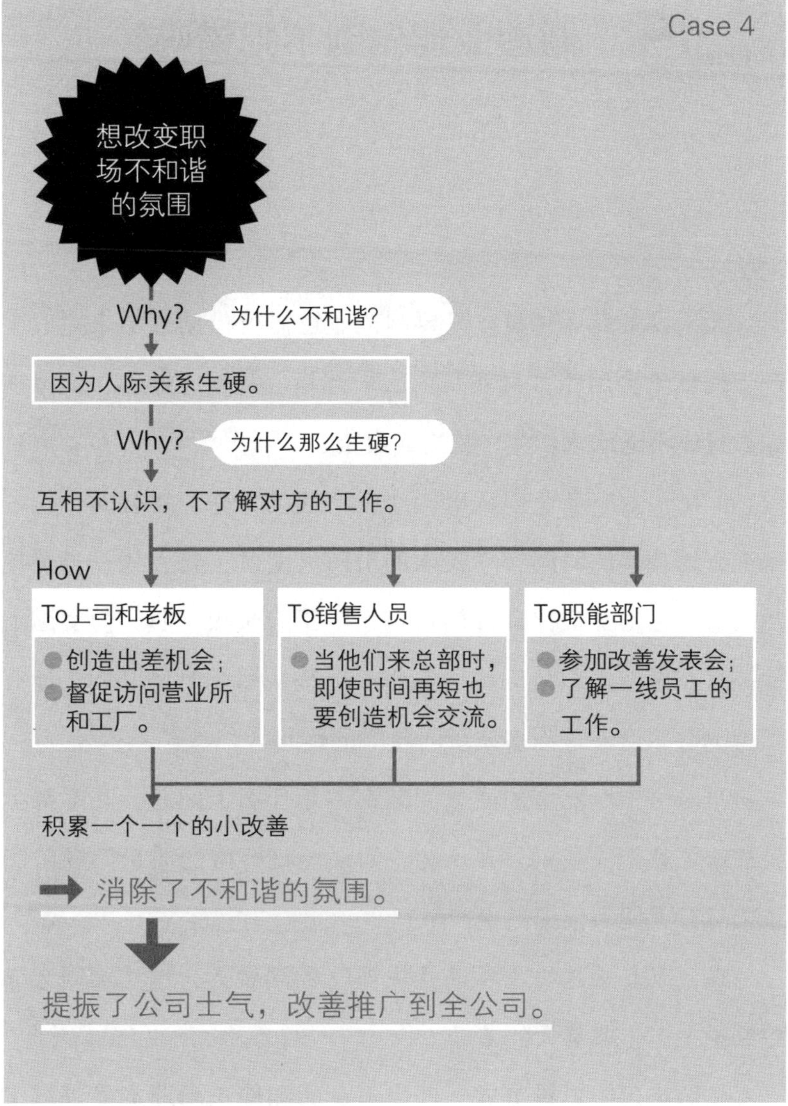
Case 4
想改变职场不和谐的氛围
Why?
为什么不和谐?
因为人际关系生硬。
Why?
为什么那么生硬?
互相不认识，不了解对方的工作。
How
To上司和老板
创造出差机会;
督促访问营业所和工厂。
To销售人员
当他们来总部时，即使时间再短也要创造机会交流。
To职能部门
参加改善发表会;
了解一线员工的工作。
积累一个一个的小改善
消除了不和谐的氛围。
提振了公司士气，改善推广到全公司。

Case 5 制造业能做到不犯错吗?

无论设备多么精良，只要制造业还需要借助人手来完成生产，就难免会出错。只要是由人来选择、判断、操作，就可能因为身体不适或难以集中精力而出错。

A 在某生产企业中从事构建生产线的工作。年轻时，他一年中有近一半的时间都在美国的工厂里度过。据 A 说，虽然他的头衔——“品质保证部门负责人”听起来很好听，但实际上他一直在做修正质量问题的工作。也是从那个时候开始，他有了“为什么会有这么多质量问题”的疑问。

当时，工厂发生的质量问题都不是什么大问题，几乎都是稍加修正就能完善的。A 认为，如果能将轻微的质量问题防患于未然，就能大幅提高生产率。

在“从什么地方着手防止失误”的问题上，想法不同会导致结论上产生非常大的差异。

按照丰田的思维方式，产生不良品和修正问题本身都属于“无用作业”。只要不把失误当成无法避免的事，坚信失误一定

能够消除，从提问“为什么”开始对问题追本溯源，就能找到多种改善措施。

最终，A 找到了解决方法，即实施“对人友好、简单易操作”的生产方式。

所谓“对人友好”，是指改善工作环境。为了使员工能够愉快地工作，需要改变不合理的操作姿势，创造一种安静、明亮的工作环境。只有在舒适的环境里，员工才能将注意力集中在操作上。

所谓“简单易操作”，是指采取不过度依赖操作人员的注意力的生产方式。A 解释说：“以‘组装三恶’为例。组装三恶分别指忘记安装、配套不完备和组装位置不当。实际上，口头上怎么要求注意也无济于事，因为只要是需要边思考、边判断来完成的操作，人就一定会出错。例如，有些零部件左右相反也能安装，也有的零部件必须按照正确方向安装才能正常运转、反着安装会出现问题，后者就需要作业人员提高注意力。此外，零部件的排列方式也各不相同，这样传送到作业人员手上时，只寄希望于作业人员提高注意力、不要弄错，无疑等于‘邀请’作业人员犯错。”

那么，工厂应当采取什么样的应对措施呢？

例如，将零部件传送到生产线上时，只传送所需数量的零部件，并按照“立取可用”的正确方向来摆放。这样一来，作业人员就能直接完成操作，而不需要思考其他问题。

某企业一直在践行丰田式做法。假设每次操作需要拧紧8个螺丝，那么每次传送到作业人员手边的螺丝只有8个。如果在拧紧螺丝时发现最后剩了1个，那么作业人员立刻就会发现自己漏掉了1个。

这一做法也是从提问“为什么会忘记拧螺丝”入手、逐渐形成的。以往经常会发生这样的情况：作业人员身边总是放着很多螺丝，当他们从中拿取螺丝完成操作时，往往会在最终检查时才发现漏拧的螺丝。如果作业人员能自己注意到这个问题，就能省去后面的修正作业，因为作业人员本身就能保证质量。

A在推动零部件配送阶段的改善的同时，还对左右相反也能安装的零部件加以改进，在设计部门和合作公司的协助下，使其只能按照正确的方向安装。

通过这些细微的改善，A逐渐接近了理想——“从一开始就不犯错的制造业”。当然，这距离“零失误”还有很长的路要走。但只要A坚持调查失误的原因并加以改进，总有一天会达成目标。

丰田还有一种“写失败报告”的制度。遇到失败时，员工不会认命，而会分析为什么会失败、思考防止失败的方法并将其记录下来写成失败报告，使失败成为失败者，乃至大家的财富。

养成失败或失误时问一问“为什么”的习惯，能有效提高工作质量。

Case 5

希望彻底消除微小的质量问题！

Why? 希望彻底消除微小的质量问题！

由人来完成的操作必然会产生失误。

身体状况不好

姿势不舒服

疲劳

环境很嘈杂

光线暗

注意力中断

Why? 为什么必须依赖人来完成？

［创造一种环境，不过度依赖人的注意力］

How（减少选择、判断）

只传送必需数量的螺丝	使零部件只能按照正确的方式安装

思考“为什么”，追本溯源，进行改善。

➡ 营造“一开始就不会犯错”的环境。

Case 6 销售业绩低下的意外原因

有人认为“销售不是‘互相说’，而是‘互相倾听’”。

一般认为，销售人员要想把产品卖给客户就必须能言善辩。但调查某公司优秀的销售人员后可以发现，他们大多不是擅长说话，而是擅长倾听。他们往往能认真听取客户意见，从中思考能向客户推荐的产品，并最终创造了优秀的业绩。

在某企业董事会上，该公司老板曾经提过一个问题：“客户需要我们公司的什么产品?”这家公司的规模非常大，产品占据着很高的市场份额，自诩对产品、对市场、对客户都非常了解。但过去数年间，其业绩却一直很低迷，所以才有了这么一问。

于是，该公司在全公司范围内采取了“听取客户心声”的措施，要求销售人员记录下其与客户交谈中得出的所有客户在意的问题，并在公司内部进行积累和共享。记录下来的内容，大都是“刺耳的话”。

“卖产品时非常热心，经常来拜访，但交货了就突然不露面了。”

“谈话总围绕价格转，根本没认真听我讲想要什么。”

“不认可其他竞争公司的产品的优点，一味贬低对方。”

“明明现有的东西还能用，却总是缠着我、劝我买新的。”

无论对销售人员还是企业来说，多数意见都是负面的。换成以前，该公司会把这些负面信息隐藏起来。而现在，通过收集多方面的意见、逐一询问“为什么”，销售人员和开发负责人获得了诸多参考。

把客户的声音当成麻烦，客户的声音就会变成投诉和抱怨，令人想要无视它。但将其视作“改善的信号”，就可以发挥巨大的作用。

此外，该公司还发现了一件非常有意思的事情，那就是能否切实收集客户意见与销售业绩也有关系。其分析如下：“调查营业成绩下降的员工和事业所后我们发现，其接待的客户提出的意见较少，且大多无关痛痒。而能收集到较多客户具体意见的员工和事业所，成绩在上升。”

以往，该公司面对销售业绩下降只会询问“为什么销售业绩下降了”，原因则往往归结于销售活动力度不足、销售人员能力不足或不够努力等。意识到客户的意见与销售业绩有关后，该公司对于“为什么销售业绩下降了”的问题就有了全新的答案：

“没有认真倾听客户的心声。”

这样会造成什么样的后果呢？

“无法构建起与客户之间的信任关系。”
“抓不住客户的需求，提案内容容易跑偏。”

事实上，在弄清出错原因的基础上采取对策也不一定会奏效，因为对策发挥作用的前提是“正确的提问”与“正确的原因”。

于是，该公司不再拘泥于向销售人员要求具体的数值目标，而是要求他们切实听取客户的具体意见，从而转变了销售方式。结果，以往销售业绩较差的销售人员和事业所的成绩均有了切实提高。

客户的声音里隐藏着发生改变的正确提示。某企业的经营者在着手重振经营不善的医院时，最先做的是对患者进行问卷调查。

“您认为医生、护士的措辞如何？”
“您认为员工的处理应对、办公情况怎么样？”
“医生关于症状和治疗的说明是否简单易懂？”

“您在得到治疗前等待了多长时间？结账前等待了多长时间？”

“您认为医院的设备怎么样？”

“您觉得住院过程中的餐饮怎么样？”

“您对医院内的氛围是否满意？”

根据问卷调查的结果，该医院从能够做到的事情入手，对问题逐一进行了改善。结果，不仅医生、护士和工作人员转变了意识，患者的评价也好转起来，从而使医院的经营逐渐得到了改善。经营者这样讲述他如此执着于听取患者声音的理由：

“如果把患者的心声当成抱怨、投诉，医院就不可能有所改变。转变这种想法，患者就能露出笑容。我们不是经常在早会上、在研修中强调，要让客户露出笑容吗？”

患者的意见并非完全正确，医院也不可能一一作出回应和处理。但通过倾听患者的心声，医院至少能发现很多问题。

当销售低迷、业绩提升不上去时，可以在“是否听取了客户的心声”上寻找“为什么”。这样做，或许会让我们发现与以往不同的改善措施。

Case 6

销售业绩为什么一直低迷？

Why?

通过收集客户的意见发现……

- 交货后就不再露面了。
- 说其他竞争公司的坏话。
- 不停地劝人买新品。
- 不听客户的想法。

非常多的不满=发现问题 ⟶ 解决措施

Why?

业绩较好的销售人员能收集到很多客户的意见。

业绩不好的销售人员收集到的意见很少。

追溯“为什么”，获得新发现。

How

除了数值目标，还追加了收集客户意见的要求。

➡ 每个销售人员、营业所的业绩都得到了提升！

Case 7 为什么“明明知道却做不到”？

在组织中，上司与下属的关系并不简单。上司有一定的权力和权限，能够指挥下属，那么是否所有的下属都会按照指示行事呢？倒也未必。

曾经率领日本足球代表队的某外国教练说过一段话，大意是“不能相信日本人说的‘我明白了’”。这是外国教练根据经验得出的看法。因为日本球员有一个习惯，即在接受外国教练的战术指导后，对于“是否听明白了”的问话，即使没有听明白，为了好收场也会回答“明白了”。所以，外国教练一般会通过每名选手的动作来判断对方是否听明白了，而不会只听“明白了”的回答。

不仅是足球运动员，如果下属在不能理解上司讲的话时直接提出“我理解不了”，在无法认同时直接说“我不赞成”，这样反倒是好事。然而或许是为了避免节外生枝，下属总是倾向于回答“明白了”，这令上司非常头痛。

在丰田式思维中，“明白了”意味着“能执行”。但是在现

实中，“明白了”未必代表“能执行”，这似乎不是日本人独有的问题。

A是某大型食品企业的海外负责董事，曾经在丰田集团为丰田式的普及、扎根发挥了巨大作用。离开丰田后，A加入了该食品公司，并成功地在该公司的日本国内工厂普及了丰田式做法。

在日本国内达到目标后，A下一步计划在海外工厂推广丰田式做法。A在丰田集团工作时曾经在海外工厂工作过，经验丰富。他坚信只要采取同样的策略，就能在该食品公司的海外工厂普及丰田式做法。

与在丰田集团时一样，A几乎每个月都去海外工厂出差，指导名为“改善研究会”的改善活动。每次都有很多员工前来参加，热心学习，踊跃提问。最后当大家谈感想时，A总会收到各种积极的反馈，如“对丰田式思维非常了解了”“学到了很多”等。

这让A更加自信，他说：“他们比日本人热心多了，这样下去一定没问题。”然而半年、一年后，A注意到了一件奇怪的事——大家像往常一样非常热心地参加改善研究会，但是到工厂考察后A才发现，工厂采用的还是原来的生产方式和做法，根本看不到改善的成果。

A很困惑：明明很多人在改善研究会上表示自己“明白了”“学习了”，但生产现场却一点改进也没有。于是，他询问了很多人，结果发现问题出在“组织风气”的差异上。

依据丰田式思维培养起来的丰田员工身上有一种“自我学习”的习惯，而该食品公司的海外工厂的员工没有。此外，两者在工作意识上也有很大差异。一名课长这样告诉他：“学习丰田式思维很有趣，但自己是否会实践是另一回事。”

这些员工大都是出于对丰田做法的兴趣和上司的推荐才积极参加改善研究会的。说到底，不过是“为了自己而学习”。至于为什么不把学到的东西运用到现场中去，根源在于他们认为发现问题并每天加以改善是工作人员的事，而不是负责生产线的自己的工作。

他们知道通过改善能够降低不良品率和成本，提高生产率。但同时，他们也认为自己的工作是保证一定的生产量，没有必要做更多，何况公司也没有对此做出要求。

这样一来，无论他们说多少遍“明白了”“学习了”，都不会转变成“改善”的行动。最终，A决定终止以往以讲座为主的研修，转为以实习为中心，通过实际到现场、组成团队，让员工自己发现无用作业和问题并加以改善。

通过“亲自做”，即使是很细微的改进，员工自己也能看到成果，从而体会到其中的乐趣。通过自己的努力与智慧改变生产方式能够实现“更好、更快、更低成本”的目标，没有比这更有意义的事情了。通过实习，很多员工深切认识到了改善的益处。

同时，A向公司提议，当通过改善做出成果时，要将成果反映到对每个人的评价中去。通过不断积累，该公司的改善工作终于步入了正轨，A 也确信了这种做法的有效性。

丰田有一个说法是“成为问题的支架”。无论学到多么优秀的知识，如果不能把眼前的问题当成自己的问题，就不可能付诸行动，反而会认为所有问题都是别人的事，就不可能去推动改善工作。

企业要认真传达公司境况、市场形势和成本价等信息，只要让员工意识到“我是问题的支架”，他们就会行动起来进行改善。

当员工的动机下降或改善活动进展不顺时，问一问“为什么”能帮助企业找到问题的真正原因。只有了解了真正原因，企业才能激发员工的干劲，调动他们的积极性。

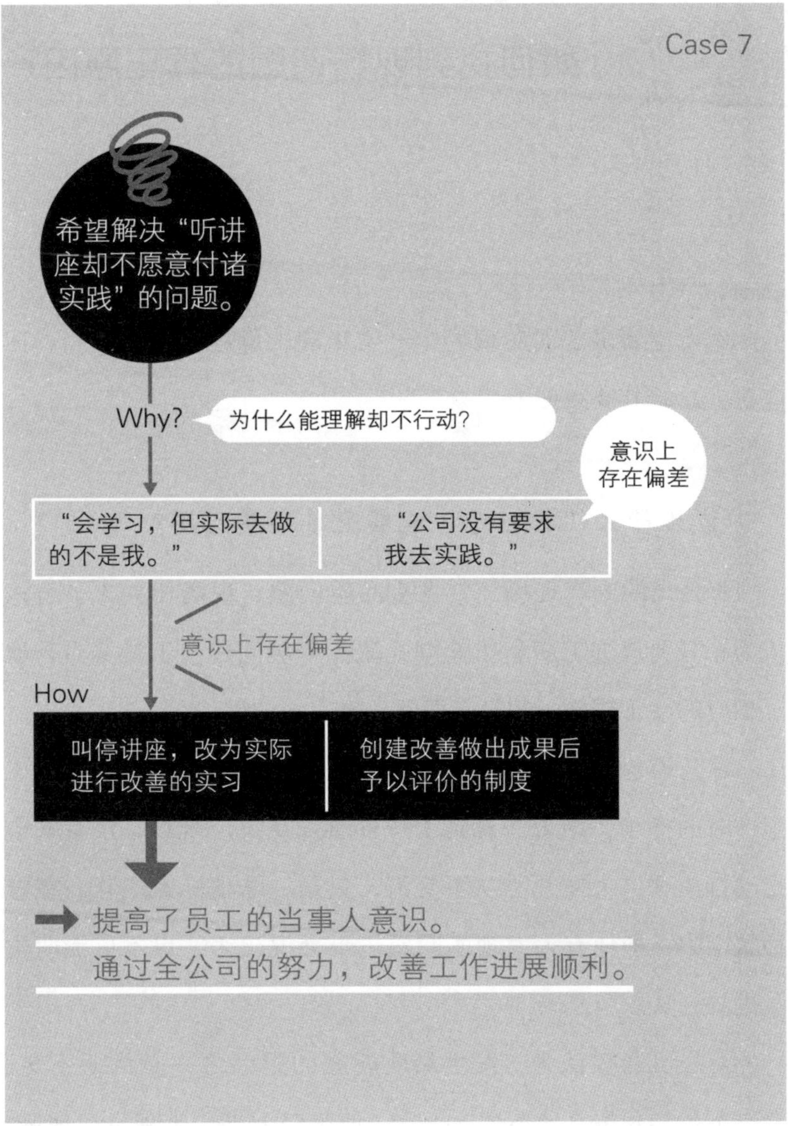
Case 7
希望解决“听讲座却不愿意付诸实践”的问题。
Why?
为什么能理解却不行动?
意识上存在偏差
“会学习，但实际去做的不是我。”
“公司没有要求我去实践。”
意识上存在偏差
How
叫停讲座，改为实际进行改善的实习
创建改善做出成果后予以评价的制度
提高了员工的当事人意识。
通过全公司的努力，改善工作进展顺利。

第3章 总结 如何找到现场课题的真正原因?

本章主要讲了面对现场中经常出现的课题，我们应当如何应对，总结其要点如下。

① 为什么“打招呼”能够改善品质问题?

A公司的生产现场经常发生品质问题。现场相关人员普遍认为，只要改进工序和作业方式就能解决问题，于是努力采取了相应的改善措施，却没有得到理想中的结果。

A公司老板听了报告后亲自来到生产现场，认真观察员工工作时的样子，结果注意到了一件事：在生产现场，没有人会主动打招呼，大家几乎从不交流，只是一味地默默工作。在这种氛围中，即使有人发现了问题也不会说出来，更不可能萌生改进的想法。

A公司老板认为，发生品质问题的原因之一是沟通不足、合作不足和互帮互助不足。于是，他第二天再次来到生产现场，率先跟大家打招呼：“大家早上好！辛苦了！”一开始大家都很疑惑，没有做出回应。但后来慢慢地工作环境发生了变化，大家开始互相打招呼，品质问题也随之减少了。

交流次数与品质问题有很大关系。每天面对的问题的真正原因或许是大家意想不到的，明白这一点非常重要。

1 交流次数与品质问题有很大关系

缺乏沟通时，发现错误也不会告诉大家。

② 毫不犹豫地追本溯源

自动纺织机的线断开后，一般的处理方法是尽快将其接上。但是按照丰田式思维，我们首先应该问一问“为什么线会断”，进而思考“怎样才能生产出不容易断的丝线”。

拉链行业的鼻祖 YKK 从事铝窗框的业务也是出于同样的理由。问“为什么”时，重要的是不要犹豫，立刻逆流而上，追本溯源。问题的原因一般有多个，关键是要有找出真正原因的魄力与彻底思考的觉悟。

2 问“为什么”时不要犹豫，要立刻逆流而上，追本溯源

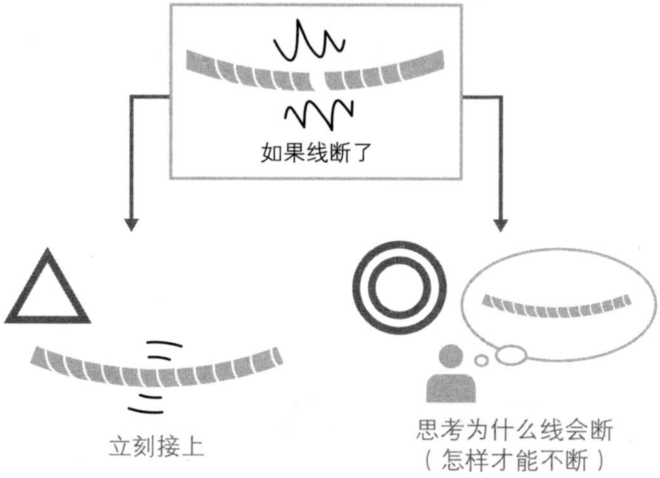

第 4 章

利用丰田式5W1H 思考法
推动工作方式改革

为什么无法按时回家？
为什么明明很努力却做不出成果？

没有什么比自己明明拼命努力工作却得不到理想中的成果更令人懊恼的了。上司会鼓励下属：“再加把劲儿！”下属自己也很容易逼迫自己要更努力，然而做不出成果的原因只是“不够努力”吗？

我曾经听幼儿教育专家、体育指导者 A 说过一件事。那是 A 教孩子百格计算时发生的事情。

A 让自己的孩子做百格计算，但孩子始终无法在 2 分钟内完成。A 担心孩子不擅长计算，于是鼓励孩子做得再快点儿。但无论怎么努力，孩子还是做不到。

后来有一天，A 注意到孩子的写字速度比较慢。A 的孩子是左撇子，而他教孩子用右手写字。A 忽然意识到孩子或许不是计算慢，而是写字慢，于是告诉孩子：“写得乱点儿没关系，你可以尝试在 60 秒内写完 1 到 100。”

通过不断练习，孩子终于能在 60 秒内写完数字了。于是 A 对孩子说：“现在，你能在 60 秒内写完数字了，计算应该也能快点儿了。”

孩子也觉得有道理。不久，孩子不仅能在 2 分钟内完成计算，快的时候甚至能在 60 秒内完成。费时间的原因不是“不擅长计算”，而是“书写速度慢”。正是因为找到了问题发生的真正原因，孩子才重新找回了自信。

只喊“加油”没用，只有找到“为什么做不到”“为什么不能早点回家”的真正原因，才能让我们的工作更轻松。

Case 1 找到长时间加班的真正原因

你的周围有没有经常长时间加班的人？在呼吁工作方式改革的过程中，即使想试着减少加班，能做的事情也非常有限。

结果，很多人采取了与原本的对策完全相反的措施，如隐性加班、把工作带回家做等。此时，我们需要把“为什么需要加班工作”的理由一条一条列出来，逐一思考其中的原因和对策。

A 公司在日本首都圈拥有多家保育所，保育士们长时间加班逐渐成了问题。总公司很重视这个问题，要求大家减少加班时间，甚至采取了定时熄灯的强制措施。结果不仅没有解决加班问题，反而导致大家把工作带回家做，加大了工作强度。

A 公司老板非常不理解为什么加班问题解决不了，于是决定请丰田顾问来详细分析保育所里的保育士们的工作方式。

关键在于“现地现物”和“去掉滤镜、用白纸般的眼光看待问题”。

以往，总公司也思考并提出过改革方案，但每次实施后都收效甚微。因为其没有去实地考察过，也没有根据观察到的实际工作情况来制定方案，只会纸上谈兵，认为怎样做会有效就怎么制定方案。而按照丰田式思维，思考问题时必须前往现场。

此外，“用白纸般的眼光看待问题”也很重要。如果老板亲自前往现场询问“为什么加班问题无法解决”，保育士们的工作方式就会变得与以往不同。这样就无法准确把握平时的问题，更无法发现出现问题的真正原因。

关键是要前往出现问题的现场，避免先入为主的观念，用白纸般的眼光去看待问题。这样才能正确运用“丰田式5W1H思考法”发现问题，找出出现问题的真正原因。

丰田顾问在观察保育士们的工作方式时注意到了一件事。原本必须照看孩子们的保育士却时不时要去办公室操作电脑。经过询问，顾问了解到保育士们有很多要向总公司报告的文件和需要向监护人传达的事项，这些工作都必须在电脑上完成。而且，由于保育所里只有两台电脑，所以大家不得不轮流抽空到办公室完成这些工作。

即便如此，电脑操作也没办法在工作时间内完成，只能加班或者把工作带回家做，保育士们为此也很苦恼。也就是说，保育士们加班的原因主要有两个：(1) 总公司要求提交的文件太多；(2) 电脑数量少，下达“减少加班”指令的总公司本身就是造成加班问题的原因。

A公司老板听完报告后非常吃惊，立刻调查了保育士们需要提交的资料，果然数量庞大。虽然需要发送给监护人的文件也不少，但是总公司要求各个保育所提交的文件数量远远超过了其发送给监护人的，甚至有很多文件规定了必须在何时提交。

这样一来就剥夺了保育士们看护孩子的时间，导致了不加班就完不成工作的窘境。A公司此前并不了解这一情况，只一味要求保育士们减少加班时间、更高效地完成工作。

问题原因一旦弄错，即使采取措施也无法解决问题。于是，A公司老板迅速实施了三项措施：

（1）减少数量庞大的报告文件，只要求提交必要的、最低限度的报告；

（2）根据保育士的人数增加电脑数量；

（3）提交报告的时间限制根据保育所的繁忙情况来灵活设定。

通过这些改善措施，保育士们的加班时间减少了，用于照顾孩子们的时间增多了。

进行丰田式生产改革时，通过站在现场作业的人员身后观察其动作，思考“为什么要采取那样的动作”“那个动作有什么意义”等问题，就能发现无用作业及其需要改进的地方。

按照丰田式思维，只要出现问题就要去现场，想到什么主意也要去现场，这样才能弄清楚什么是正确的，进而催生出新想法。此次改善长时间加班情况的答案，也在现场。

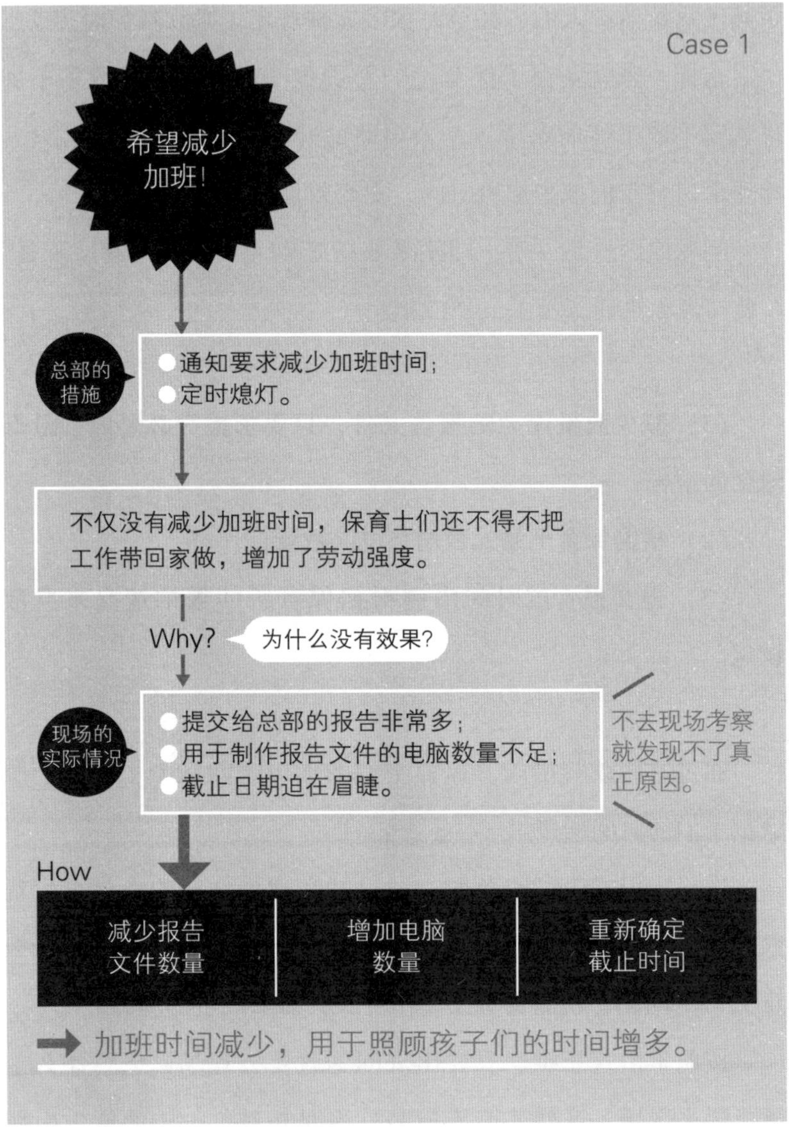
Case 1
希望减少加班！
总部的措施
通知要求减少加班时间；
定时熄灯。
不仅没有减少加班时间，保育士们还不得不把工作带回家做，增加了劳动强度。
Why?
为什么没有效果？
现场的实际情况
提交给总部的报告非常多；
用于制作报告文件的电脑数量不足；
截止日期迫在眉睫。
不去现场考察就发现不了真正原因。
How
减少报告文件数量
增加电脑数量
重新确定截止时间
加班时间减少，用于照顾孩子们的时间增多。

Case 2 清除没有用的资料

丰田有这样一种说法："原本以为自己制作的'资料'，会不会其实是'纸量'和'死量'？"[①] 尽管当事人把资料当成一项重要的工作来完成，以为对公司来说也非常重要，但实际上却根本没什么人阅读，更没有人会使之发挥作用，没有比这更浪费时间的事情了。丰田将这种不会被阅读、不会被利用、不知为何而存在的资料统称为"纸量"和"死量"。

某企业创始人 A 曾经有过这样的经历。

A 的公司在 20 多年前成功上市了。对 A 来说，这是多年辛苦得到回报的时候，于是他要求负责上市工作的部门人员将本公司每天的股份买卖数量等做成文件，向其汇报。

一开始，A 会非常耐心地阅读这些报告。但几个月后，A 不再关心这些，于是跟负责部门的人说："我没时间看，以后不用再报告了。"

此后又过了五年，负责上市业务的部门部长在与 A 聊天时，

① 在日语中，资料、纸量和死量三个词语的发音相同。——译者注

不经意间说道："社长，您虽然不再看股份的买卖情况了，但是需要的话请您随时吩咐，我们保留着所有文件呢。"

A听到这些话后非常吃惊。这些年来，他早已不再关心股份的事，也说过不需要下属再提交报告。但听了部长的话他才发现，尽管自己当时的确说过"不用再提交资料"，但却没有说过"不用再制作资料"。结果，在那之后的五年里，该部门还一直在制作根本没人看的资料，并且保管着全部资料。

这对A来说是一次颇受打击的经历。**听完部长的话后A问道："为什么你们还在制作根本没有人看的资料呢？"部长回答说："因为没有人说'不用做了'。"**

与此同时，A联想到自己的公司里会不会还有非常多的这样的工作。

不仅是职能部门，销售部门、生产部门也是如此。对于每份文件、每项工作都思考一下"为什么""为了什么""对谁有益"，会发现有相当多的工作即使叫停也不会产生什么影响。于是，A在公司里开展了一项名为"终止即使被叫停对公司也没有影响的工作"的运动，并且重新处理了数百份文件和数百项工作。

工作不加取舍，就会一直增多

曾经，松下电器创始人松下幸之助听说总公司从事业所收上来的报告文件多达240种，于是提议道："假如明天公司倒闭了，那可就麻烦了。不如只保留公司倒闭会用到的相关文件，剩下的全部处理掉。”当今时代，文件的种类繁多，但是对于松下幸之助来说，240 种文件单是制作出来就很不容易了，读起来更不是一个小数目，他不认为这些文件是非常实用的东西。处理后，留下的报告只有 42 种，大大减少了时间浪费，公司针对问题的判断速度也得到了极大提升。

对个人来说也是如此，放任某样东西多出来不管，东西就会越积越多。如果不下定决心在某种程度上“丢掉”或者“进行整理整顿”，工作负担就会不断增加。

开始制作某种文件或者开始做某项工作后，只要没有人叫停，我们就容易一直做下去。这种重复导致了忙碌，催生了无用作业，侵占了时间。

B 公司在丰田式的基础上进行了一场生产改革，要求职能部门也要每年定期进行一次清除无用作业的活动。此外，还要求他们对工作进行存货盘点，如针对种类繁多的文件和工作，逐一思考“为什么要制作这份文件”“为什么要做这项工作”“这份文件或工作的客户对象是谁”等，从而把“没有客户对象的文件和工作”归为“无用作业”，整理清除掉。B 公司认为，资料会成为纸量、死量的原因，在于针对每份文件、每项工作思考“为什么”“为了什么”的工作没有做到位。

此后，针对正在制作的文件工作，只要思考一下“做这项工作是为了什么”“为了谁”而做，B公司就能把必要作业与无用作业区分开，叫停那些没有客户对象、没有实际用处的作业。

总的来说，工作方式改革的第一步是要区分自己所做的工作，逐一思考“为什么”，再着手去做。

Case 2

资料太多了，
得想个办法！

Why? 为什么有这么多资料？

思考要做的每份资料“为了谁”“为了什么”。

Why? Why? Why? Why? Why? Why?

资料A 资料B 资料C 资料D 资料E 资料F

必要的资料	无用的资料
A, E	B, C, D, F

→ 彻底清除无用的资料。

→ 用同样的方法处理其他工作。
成功改善、去除了数百项工作。

Case 3 增加出现在工厂的时间

很多人感叹自己出现在工厂的时间太少了。尽管生产现场的管理者想尽可能多地到工厂去，对员工进行教育、开展改善活动，但实际上他们经常要花很长时间参加会议并制作文件。当然，这种烦恼也不是工厂管理者特有的。

某大学教授曾感叹会议和文件工作太多，而自己用于研究、教育的时间太少。“为什么自己到工厂（做本职工作）的时间这么少？”是多数人共同的烦恼。

为了确保用于本职工作的时间，可以参考丰田式思维中“把人做的工作和机械做的工作区分开”的做法。通过把人做的工作和机械做的工作切实区分开，人就能专注于只有人才能做的工作。例如，类似服务业这种需要智慧才能完成的工作，需要向客户提供更好的服务和更好的款待。

经营旅馆的A公司在日本以“待客非常周到”而知名。虽然很多宾馆都把招待服务当成卖点，但是A公司的服务早已超出了招待的范围，达到了能够体验到日本“款待”的程度。为进一步提高服务水平，A 公司采取了将“机械做的工作和人做的工作区分开的”丰田式改革。

A 公司的餐饮会全部直接送到客人的房间里，方便住宿的客人在自己的房间里用餐。客室负责人以“温热的东西要保持温热，冷食要保持凉度”为第一原则，会根据时机提供餐饮。这项服务非常周到，但在过去，A 公司单是运送料理都很难做好。在日本旅馆等地偶尔能看到女性客室负责人运送很重的膳食的场景，根据旅馆的情况，有时她们还要送上楼。

如果来不及一个一个地运送，就要将所有料理一起送到客人的房间里。此时，温热的食物很可能会变凉，所以需要快速送达。这是一份比较危险又需要力气的工作，单是运送料理就很累人。

这也是“为什么用于服务客人的时间不够”的答案之一。那么，怎样才能提供更好的服务呢？

A 公司认为，像运送料理这种重体力劳动不应该由人来做，而应该让机器来完成，于是花重金在旅馆内安装了最先进的料理运送系统。厨房做好料理后，料理会先沿着垂吊在空中的轨道运送到餐车上，再由搬运机器人推着放有料理的餐车自动送到各楼层的配膳室。

完成这些操作只需要按一下按钮。令人吃惊的是，搬运机器人的搬运速度高达每分钟 90 米，最多可搬送 1500 份料理到距离宴会厅或客室较近的配膳室。起初，同行都不看好这种大额的设备投资，但A公司的经营者对此毫不在意。

改善的成果是巨大的。以往，1500份的料理如果由人工搬运，至少需要30个劳动力，而引入料理搬送系统后只需要7个（低于原先的1/4）劳动力就能完成。机器人把料理运送到各楼层的指定场所后，接下来就是客室负责人的工作了。此时，客室负责人只需完成“人做的工作”，即竭诚为客人提供服务就可以了。

这里会涉及判断的界限。机械化需要非常大的投资，如果认为花这么多的钱还不如由人来做“机械做的工作”，人就会无法完成“人做的工作”。又或者，如果解雇因机械化而空闲下来的人员，就会变成纯粹的裁员。A公司的优秀之处在于既没有让人代替机械，也没有简单裁员，而是利用机械化使人来完成只有人才能完成的工作。

不偏离目的，就能选择出正确的方法

涉及付出成本，一般有两种做法。要么是由人来代替机械工作，要么是投入某种程度的成本，以保证完成只有人才能完成的工作。

A公司重视的是向客人提供足以令人感动的“款待服务”，以期让客人成为常客，多次光临。因此，使客室负责人摆脱“机械做的工作”，专注于提供“款待”服务更为重要。A公司之所以能够长期占据日本旅馆行业的首位，正是由于其能切实思考“为了提供更好的服务应该做什么”。

当我们苦恼于“为什么用于本职工作的时间这么少”时，首先应当分析自己正在做的工作的内容，思考其中有多少是能够产生附加价值或者是用于服务客人的“实质性工作”，又有多少是本来没什么作用，但受限于当前的工作条件不得不做的“附加工作”。

然后，我们才能把“人做的工作”和“机械做的工作”区分开。当然，即使区分开了，公司也有公司的考虑，不可能对所有问题都加以改善。但是通过这种分析和改善，能够切实增加实质性工作，把更多时间用在“人做的工作”上。

Case 3

以旅馆为例

希望增加到现场的时间！

Why? 为什么这么累？

运送料理、整理房间很费时间。

Why? 这是人应该做的工作吗？

How

投入大量资金，引入料理运送系统

→ 大幅减轻客室负责人的负担。

↓

→ 能将更多时间用于提供“款待”服务。

Case 4 明明很努力，却进展不顺利？

俗话说：努力就会有回报。运动员之所以能朝着目标拼命努力，或许是因为本身喜欢运动，其中也有“努力就有回报”的信念在发挥作用。当然，现实中努力也有可能得不到回报，但它一定会在将来以某种形式转化为成果。这样想，才能让我们一直努力下去。商人也是一样。

但是，当我们无论怎样努力都得不到任何成果时，又该怎么办呢？某公司管理者A曾经担任过开发部门的负责人。当时，开发部门长期处于赤字状态，A成为部门领导时也因为赤字而备受煎熬。

A决心扭转赤字局面，于是经常和下属一起加班到夜里10点或11点，周末、节假日也照常上班，努力工作到接近极限的程度。然而，尽管他如此拼命努力地工作，部门仍然处于赤字状态。

不仅是A，大家也同样有这样的疑问：

“为什么我们这样努力却无法扭转局面？”

大家列举了很多理由，但都不是问题的关键。此时，上司对 A 说：

“就是因为你们那么拼命努力地工作，部门才会一直赤字。如果你们不再那样工作，赤字就会变成黑字了。”

一开始，A 以为上司指的是加班费、节假日上班费等问题。的确，A 带领的团队的加班时间非常多，所以 A 以为上司的意思是要减少加班时间，让数字得到改善。但一名下属却说：“或许上司的意思是让我们停下拼命努力的劲头，冷静冷静？”听完这句话，A 有了决断：

“我们是不是太急于摆脱赤字，想法太僵化了呢？以后大家不用加班了，都按时回家。周末也不要上班了，反正已经是赤字了。”

比起寻找“为什么”的真正原因，这些话听起来有些像自暴自弃的将错就错。但实际上，这一决定打开了一条新道路。

据 A 说，他们太急于开发出爆品以求摆脱赤字，导致开发速度不升反降，经常慢于同行业其他公司，甚至都没有时间注意到这一点。也就是说，“自己这么拼命努力，却无法摆脱赤字”的原因在于自己太过努力反而丢失了从容与镇静，忘记了要广泛、全面地看待问题。**由于大幅减少了加班时间，周末、节假日也不再出勤，A 和同事们空出了时间用于思考，从而找到了努力却不出成果的真正原因。**

只要找到了真正原因，就能制定对策。A 带领下属加快开发速度，逐步开展与同行业其他公司势均力敌的竞争，最终实现了此前无论怎样努力都达不到的“摆脱赤字”的目标。

B公司是一家生产复印机等办公器械的公司。该公司的开发负责人C也有过类似的经历。C为了研发新产品非常努力，却始终得不到理想的成果。他坚信自己必须更加努力，上司却让他暂时放下工作，去“拜师、当学徒”。“拜师、当学徒”是B公司的一个传统，要求从事复印机或多功能机器研发工作的人员到复印中心进行为期一周的复印业务实习。

复印中心大量使用了自家公司的复印机，而B公司的员工都经历过向复印中心申请实际实习一周的经历。正是这段经历帮助C注意到了各种各样的问题。

例如，C引以为傲的功能实际根本无人使用，甚至有人采用了C想都没有想过的使用方法。有时，C认为方便使用的机器却收到了客户的投诉，称“不好用”。通过聆听这些声音，C获得了很多启发。

当非常努力却得不到理想成果时，应当换个角度思考问题，而不是一味地让自己“更加努力”。通过思维转变，A找到了“视野越来越狭窄”的真正原因，B公司发现了“偏离客户需求”的真正原因，进而采取了恰当的改善措施，而不仅仅是“努力”。

Case 4

为什么
不见好转?

Why? 为什么?

似乎是原因 似乎是原因 似乎是原因 似乎是原因

哪个都不对!

Why? 干脆换个
角度思考。

试着不再努力。

- 不再加班;
- 按时回家;
- 周末不再上班。

时间上有了空闲,视野变得宽广。

压力过大导致研发速度变慢。

➡ 提升开发速度,赤字变黑字。

通过改变,
发现真正原因。

Case 5 解决难题要质疑“常识”

成功的企业要想永远保持成功，必须否定过去使自己成功的做法，催生出新的策略。工作中有很多“一直以来非常奏效”的做法，但如果这些做法不能根据环境、需求的变化而改变，就会产生很多无用作业。

某企业管理者A曾经通过生产改革等措施使面临赤字困扰的企业起死回生，所以时常有当地企业向他咨询关于经营管理方面的问题。对方往往是不同行业的企业，A完全是门外汉，但这反而能让他以崭新的视角来看待问题。

有一次，当地的一家裁缝店邀请A去调查无法赢利的原因。这家店在当地众多的裁缝店里算是老店铺，A前去参观时，一眼就看到了大量的丝线库存。A所在的公司会尽可能地将库存减少到最低限度，所以仓库里一般都是空的，而裁缝店的仓库里却堆积着大量的丝线，看上去已经放了好几年。其中有些丝线布满灰尘，甚至已经变色了。

于是，A问道：“为什么有这么多的丝线呢？”裁缝店老板回答说：“这是很久以前就有的习惯，同行业的其他公司也囤积着大量的丝线。”A又问：“下订单后多久，客户能收到丝线？”得到的回答是：“只要不是很特殊的丝线，一般一天内就能收到货。”

A惊呆了，问道：“既然一天内就能收到货物，就没有必要留库存了呀！”裁缝店老板这才恍然大悟：“对啊，怎么以前没想到呢！”

当时代改变后，“一直以来非常奏效”的做法也可能变成“无用作业”，反而会拖后腿。**越是已经习惯了的做法，越是要反思为什么要采取这种做法并加以改进。**裁缝店老板接受了A的建议，迅速将无用库存折旧清理，改进了丝线等物品的订购方式，从而使经营情况好转，提高了生产效率。

拖后腿的规则

生产企业B公司一直在热切推进生产部门的改革，但无论怎么做都改变不了销售管理部门加班时间过多的问题。B公司认为自己已经迎来了改革的极限，开始调查加班时间过多的原因。

在B公司，销售管理部门负责接收各个销售点的订购情况数据，再把这些数据汇总整理后发送给工厂。然后，工厂会根据这些数据制定第二天以后的生产计划。但问题是，每天下午五点接近下班时间，销售管理部门总会收到大量的订单信息，为了把数据及时发送给工厂，工作人员不得不加班来处理订单。

于是，办公业务的总负责人和销售处商量：“希望订单的报送方式更均衡一些，早点儿报上来。”销售处的负责人则反驳说：“我们也想早点儿报送，但是按照公司规定，每天下午四点之后的半小时内要报送财务相关数据，没有办法报送其他数据。没办法，我们只能在四点半之后汇总报送订单数据。”

总负责人不知道公司有这样的规定，于是咨询财务负责人这样做的原因，结果对方回答道：“我也不了解具体原因，很久以前就一直是这样做的，可能和以前的系统有关系吧。虽然现在已经没有这种限制了，但因为从来没有人提出过异议，所以我们就一直这样做了。”

对此，B公司的老板也非常吃惊。尽管大家都觉得“半小时”的时间限制非常不便，却也一直在遵守着，最多抱怨两句“这是公司的规定”“一直以来都是这么做的”。事实上，连财务负责人都表示：“不了解具体情况，现在不需要这种时间限制了。”一直以来，销售管理部门到底为什么要忍受这种不便，根本没有人说得清楚。

也就是说，因为一条莫名其妙的规则，很多人都在忍着不便，每天加班。通过沟通，这条规定被立刻废止。经过这件事，B公司充分体会到了被规则、习惯束缚的可怕后果。

企业都会有非常多的规则、习惯，以及被认为是常识的事情。其中有不少在拖经营管理的后腿，令员工非常苦恼。当我们面对自己身边“理所当然”存在的规则、习惯和常识时，不妨试着问一问“为什么”，这往往能让我们得到很多启示。

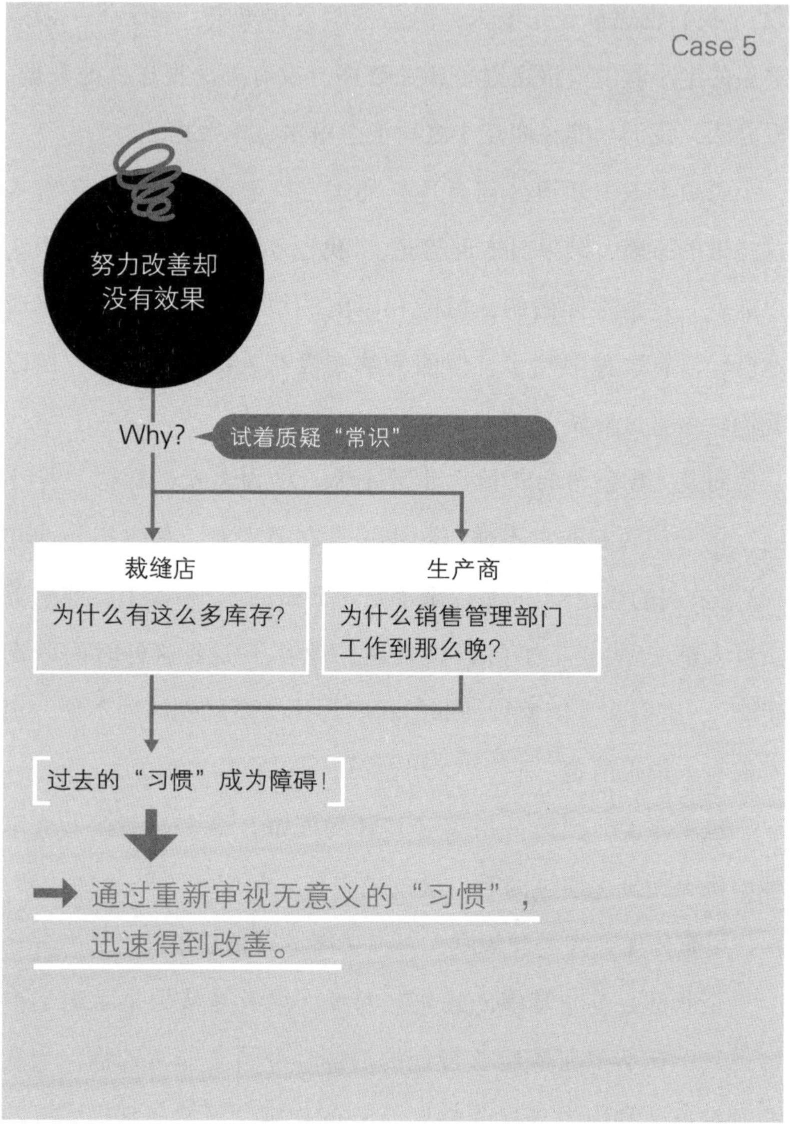
Case 5
努力改善却
没有效果
Why?
试着质疑“常识”
裁缝店
为什么有这么多库存?
生产商
为什么销售管理部门
工作到那么晚?
过去的“习惯”成为障碍!
通过重新审视无意义的“习惯”,
迅速得到改善。

Case 6 会议又多又冗长，怎么办？

在考虑工作方式改革时，总要面对“会议太多”“会议太久”的问题。当然，并非所有会议都毫无意义，但其中确实有很多会议时间又长又不出成果。大多数企业都要面临“如何处理会议”这一共通的课题。

据佳能电子的社长酒卷久说，他听到报告称员工的所有劳动时间里有约三成浪费在了会议上，于是决定把为开会而开的会议、费时间又无内容的冗长的会议定义为“纯粹浪费人力、时间和金钱的无用会议”。

酒卷久就任社长时，佳能电子的管理会议也是这样。社长、董事、事业部负责人等约20人聚集在董事会议室里召开会议，从早上8点（中间加上午餐时间）一直开到下午5点，要开整整两天。会议总计召开16小时，每个月召开两次。如果会议能做出某个重要决定，那么会议也不算白开。但酒卷久说，召开的会议并非都是建设性的会议，其中有很多是既冗长又毫无成果的。

为什么需要开这么长的会议？酒卷久认为不能再这样下去，必须采取措施，于是进行了三项改善：

（1）撤掉会议室里的椅子，所有的会议都要站着开；

（2）禁止使用不能充分表达自己意思的暧昧表述，如“大概……吧”“我想应该是……”“……负责人是这样说的”等，一律使用能够明确表达自己观点的语言；

（3）禁止携带和分发资料，必要资料要投影到会议室中的屏幕上。

通过改善，曾经需要开 16 小时的管理会议现在只需要 4~6 小时就能结束，最多可节约 75%的时间。此后，佳能电子还把这些做法推广到了其他会议上，将曾经需要 3 小时的部门经理会议缩短到了 1.5 小时左右。

尝试改变舞台

针对“费时太久的会议”，佳能电子通过思考“为什么”将坐着讲个不停的会议改成了站着开的形式，增加了紧张感，大幅缩减了会议时间。A 公司则引进丰田式做法，通过反思“改善发表会为什么会费时又费力”，将其改变成了简洁且高效的会议。

A 公司频繁进行着改善活动，且每个月会有数千件改善提案进入实际执行环节。也就是说，A公司每个月都要召开改善发表会，对优秀的改进方案进行发表和表彰，这使A公司呈现出一派兴旺景象。但是准备会议需要花费大量的时间和精力，对员工而言，发表和表彰或许是件好事，但每次都要这样做就会变成负担，让他们陷入“为了能更好地发表，不得不加班制作各种资料”的恶性循环。A公司老板看到这些问题后，问改善推进团队的负责人：

“改善的目的明明是减少无用作业，那为什么改善发表会反而给员工带来了这么沉重的负担呢？”

对员工来说，改善发表会的确是一个非常荣耀的舞台。但是制作发表资料、进行发表练习，以及当天想要发表更多内容的愿望，都会导致改善发表会催生出新的无用作业。

注意到这一点后，改善推进团队决定改在现场进行优秀改善的发表和表彰——社长、董事及管理者都到现场去，在现场直接听取完成优秀改进工作的员工的发表。

员工可以在现场根据实际情况进行讲解，不需要再制作用于发表的资料。改善工作是否优秀有效、改变了哪些内容等可以直接根据现场的情况做判断。而以往在远离现场的地方进行说明时，员工需要制作大量的资料、照片和图表。

这种改变带来了积极影响。一线员工非常高兴自己能在现场进行讲解说明，让大家看到自己在做什么工作，信心倍增。由此可见，现场才是名副其实的荣耀舞台。

通过改善，A 公司大幅减少了浪费的时间，提高了员工的干劲儿，改善发表会也越来越受大家的欢迎。

思考工作方式时，“会议、碰头会、发表会过多”是无法忽视的问题。通过对这些问题进行逐一思考——“为什么”“为了什么”“有什么作用”“为什么采用这种做法”“为什么需要这么久的时间”等——工作方式就能变得比以往更具实效性。

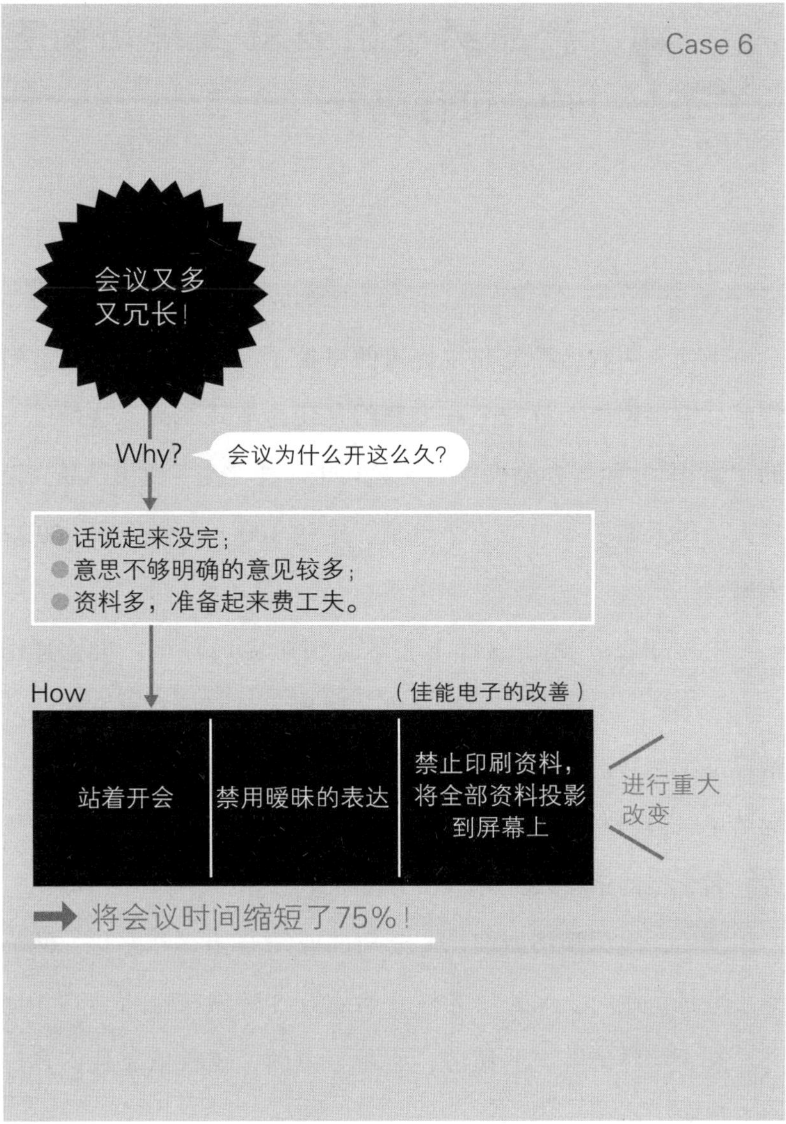
Case 6
会议又多
又冗长!
Why?
会议为什么开这么久?
话说起来没完;
意思不够明确的意见较多;
资料多,准备起来费工夫。
How
(佳能电子的改善)
站着开会
禁用暧昧的表达
禁止印刷资料,将全部资料投影到屏幕上
进行重大改变
将会议时间缩短了75%!

Case 7 产品卖不出去就去拜访新客户，可行吗？

当前，网购已经是非常普遍的事情了。但在十几年前，销售产品需要销售人员一个一个登门拜访企业或个人，这是过去的“常识”。销售办公机器的A公司也一样，为了卖出产品，销售人员每天需要拨打数百个电话，走访100户，甚至是200户人家。

上司却命令说：“这样下去本月很难完成任务，再去拜访100户人家！”于是为了加快速度，销售人员开始在没有预约的情况下突然拜访新客户。这种做法放在当代恐怕会被列入企业黑名单，但当时A公司的上司、前辈等都是在磨炼勇气中成长为一名合格的销售人员的。

随后，泡沫经济崩溃，A公司的业绩开始逐渐恶化，面临赤字危机。此时，A公司老板开始质疑这种做法是否合理。他并没有否定拜访客户的做法，而是意识到了仅仅依靠拜访客户也有极限。

A公司老板首先分析了营业额无法提升的原因，发现公司竟然没有保留最重要的数据，制度上出了问题。由于全国分店都在自行订购、保管、运送产品，所以无法立即调查整个公司究竟有多少库存。

要想重振公司，数据必不可少。没有核心数据就无法分析原因，自然也就无法制定行之有效的对策。

于是，A 公司老板决定先对各家分店管理的库存、赊销货款和客户信息等进行一元化管理，以便迅速掌握“产品在哪家分店”“还有多少库存”等信息。

单是这项改革就省去了很多无用作业，而且改善了仓库里“没有畅销品，只有滞销品”的库存问题。有同样问题的企业不仅 A 公司一家，如果企业有“为什么拼命努力工作却挣不到钱”的疑问，不妨先调查一下自家公司的库存情况。

使信息可视化

通过减少无用库存，改善产品周转率，A 公司的财务状况得到了极大改善。但是，A 公司还面临一个必须解决的问题。

A 公司营业额提升不上去的原因，还有“每位销售人员都私藏着客户信息”和“销售人员间的合作不充分”。

A 公司的管理者基本都是从销售一线锻炼、成长起来的，很容易强制要求年轻的销售人员按照同样的方式来工作。为了提高营业额，销售人员需要拨打数百个电话、临时决定拜访数百家新客户，而销售人员之间却没有共享信息、有效利用信息的想法。

如此一来，客户信息反而成了销售人员的个人财产，甚至有一种既不给其他销售人员看，也不告诉其他销售人员的风气。不仅A公司是这样，以往在房地产企业，几乎所有的员工都会在自己休息或者休假的时候把客户信息小心翼翼地锁进抽屉里。

在这种风气下，大家根本不可能合作和互相帮助。于是，A公司决定效仿库存“可视化”的做法，不顾销售一线的强烈反对，对销售人员持有的客户信息也进行了“可视化”。

销售人员和服务负责人可以通过日常的走访活动收集到大量信息，如“客户考虑半年后更换复印机”“客户计划半年后更换新电话”“现在使用的某某公司打印机不好用，最近想换新的”等。

销售人员对与自己直接相关的信息很上心，对与自己无关的产品信息只会听一听，而服务负责人认为“销售产品不是自己的工作”，也选择听之任之，导致辛苦收集的信息变得毫无意义。

于是，A公司决定把销售人员和服务负责人收集到的信息汇总起来，以便其他销售人员也能检索、活用这些数据。了解到客户有意向更换复印机或电话的销售人员可以瞄准时机去推销产品。负责打印机业务的员工则可以制作与某某公司产品的比较资料，然后向客户提出建议和方案。

通过将客户信息可视化，A公司的营业额得以大幅提升。

而且，由于提高了销售效率，销售人员的人均营业额和工作效率都有了大幅提升。

此外，通过推进信息可视化，各部门之间的门槛变低，不仅个别员工之间会联合提出议案，部门与部门之间也开始合作、提出方案。

按照丰田式思维，信息决不能一直放着不利用。在公司里，信息很容易被个人或部门藏着掖着，但信息本应被大家利用、在大家手里发挥作用，这样才有存在的价值。

如果把营业额无法提升的原因简单归结为“员工不够努力”，管理者就会采取“命令员工再跑 100 家客户”的对策。但如果把原因归结为“由于大家藏着掖着，导致信息共享不足”，就能采取 A 公司那样非常有效的措施，如全员共享个人拥有的客户信息等。

综上所述，找原因的层面不同，工作开展的方式和方法也会有很大不同。

Case 7

为什么营业额提升不上去?

Why?

因为员工不够努力。

But —— 以往却状况良好……

根性论[①]达到极限。

Why? —— 为什么靠斗志不行?

How

不单靠斗志，对客户信息进行一元化管理。

挑战过去的“禁忌”。

每个人的意识提高了。
以往未曾有过的部门间的合作也成为可能。

➡ 营业额得到大幅提升!

➡ 销售人员的人均营业额也得到了大幅提升!

① 心理理论之一，指拥有强大的心理力量就能实现很高的目标。——译者注

第 4 章 总结 去除无用作业、提高生产效率、找出真正原因的诀窍

本章以工作方式改革为中心，简要介绍了不同问题的处理方法，总结其要点如下。

① 统一“什么是无用作业”

任何企业都不会有人反对“去除无用作业”，至于为什么去除无用作业的活动开展不起来，主要在于大家对“什么是无用作业”想法各异。例如，有的人认为做某件事是无用作业，但是其他人不这么想。这样一来，去除无用作业的改革是根本进行不下去的。

工作方式改革也一样。在种类繁多的资料面前，有的人认为某份文件是没用的，但有人认为会议上需要这些文件，导致资料种类无法删减。同理，加班或冗长的会议也是如此，如果只听到“这样做非常有用”的评价而忽略了“时间太长的会议（加班）不可取”的意见，工作方式改革也不可能顺利开展下去。

在推进工作方式改革时，关键是要在挖掘真正原因之前，针对一直以来大家都认为很正常的工作方式，试着问一问："这样做是不是不行?"只有得到"这样做不行，必须改一改"的结论，才能找到问题的真正原因。

1 统一"什么是无用作业"

② 改善到"自己的工作不必再做"的程度

这是几年前发生的事情。

有人问负责重要工作的丰田人："对你而言，改善的目标是什么?"

对方回答说："改善到'连我正在做的工作都没有必要做'的程度。"

只要把当前正在做的事情视为"平常的事""最佳状态"，就不可能实现"更好"的目标。

即使没有出现问题，也要从反思"为什么要采取这种做法"

入手进行工作方式改革。而能够把改善做到“自己的工作不必再做”的程度的人，一定是大家都想与之共事的人。

2 改善到“自己的工作不必再做”的程度

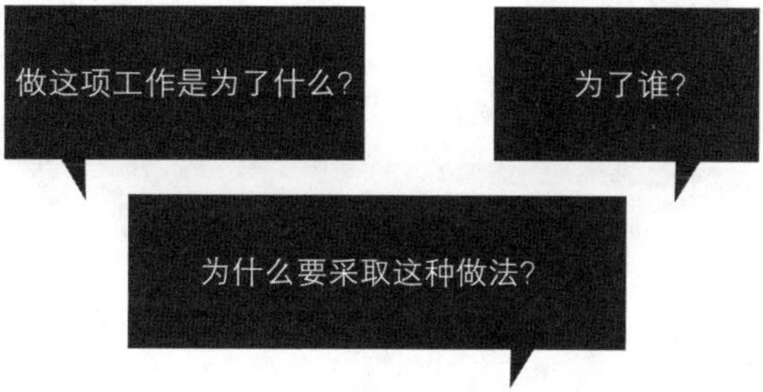

无论多么重要的工作，都要经常问一问！

第5章

利用丰田式5W1H思考法进行创新

创新源于公司风气？

2018年全球市值总额排行榜的前十名里，苹果公司位居首位，其次是旗下拥有亚马逊、谷歌的Alphabet，以及微软、Facebook和中国的阿里巴巴等。这些都是IT相关企业，通过创新在全球市场中占据压倒性地位。

与之相反，以往的常客，如GE、IBM、埃克森美孚的排位则大幅度下跌。这充分说明，在当前这个时代，能否进行创新将在很大程度上左右企业的发展。那么，日本的企业表现如何呢？目前，排行前五十的企业中日本仅有丰田汽车一家企业。以往，日本的金融机构经常出现在排行榜中，这说明至少在市值总额排行榜中日本企业的地位在显著下降。

正因如此，很多日本企业希望自己能够进行创新。苹果公司是一家不断创新的企业典范，但按照其已故创始人史蒂夫·乔布斯的说法，创新却是很麻烦的存在，他甚至认为把创新系统化或者在公司里张贴“创新五条”等行为“就像一个人本来想装得很酷，结果却更难看了，非常可怜”。

但当前的现实是，对于企业而言，能否进行创新、是否是创新型企业已然成了左右企业未来的课题，了解“怎样做才能成为创新型企业”“妨碍创新的事物有哪些”等非常重要。

本章将通过介绍普锐斯、雷克萨斯在汽车领域引起革新的丰田事例，以及其他公司微小却富于启发性的创新事例，尝试探寻“企业难以发起创新”的原因。

难以进行创新的原因、想不出创新想法的原因就在企业内部。为了改善这些问题，不妨多问一问“为什么”。

Case 1 组织或团队想不出好点子的原因

很多经营者、管理者都有“为什么我们公司想不出好点子”“为什么员工收集不到好信息”的疑惑。思考的结果，大多容易归因于“我们的员工不够优秀”。但实际上，真正原因在于公司本身。如果你是经营者，很多时候原因就出在你身上。

有一个法则叫海因里希法则（Heinrich's Law），是关于工伤事故方面的经验法则之一。它认为每发生1起重大事故，其背后就有29起轻微事故和300起异常状况（隐患或违章）。根据海因里希法则，假如工厂里有机器设备损坏了，那几乎不可能是某天突然坏掉的。**在出现故障之前，或许有人闻到过奇怪的气味，或许有人发现过机器运转异常，但他们都认为这点小状况不重要、没关系，才导致“某天”机器“突然”发生了故障。**

铁路公司A也发生过同样的情况。几乎所有的铁路公司都遇到过这样或那样的事故，尽管事故的规模和死伤人数各不相同，但都是非常惨痛的经历，导致了宝贵的生命消逝、多人受伤。事故发生后，人们自然会追究事故原因，从调查的多数情况来看，一般在事故发生前火车就已经出现问题征兆了。

例如，有人曾经反映过“火车某处刹车不太灵敏”“开车驶过某个地方需要有足够的经验直觉”“我一直担心会不会有一天发生事故”等。

发生重大事故后，彻底查明事故原因、采取措施、防止类似事故再次发生是承载生命的铁路公司的应有之责。于是，A公司开始思考有没有防患于未然的办法。

既然追查重大事故发生原因时能够追溯到微小的预兆，那么如果能事先发现这些预兆和异常状况，是不是就能防止重大事故的发生呢？

根据这个思路，A公司决定将驾驶员和售票员等乘务人员按照海因里希法则报告上来的微小异常状况在全公司范围内公布和共享。

以往，A公司也曾要求乘务人员将留意到的异常状况报告给上级，但上级却几乎没有收到过类似的报告。**A公司通过调查“为什么没有收集海因里希法则异常状况”发现，其原因在于大家都认为“向公司报告也没什么用”。**

留意到的异常状况只有在被利用、能发挥作用的情况下才有意义，如果提出了改善提案却根本无人采纳，久而久之就没有人再提出改善方案了。所以，在收集员工注意到的异常状况或想法后，公司一定要重视、利用起来。

A公司的分公司B做了一种尝试：首先，要求乘务人员将每天注意到、感觉到的异常状况写成日报；然后，将其全部张贴在公司的告示栏里；最后，把针对每一项异常情况的对策成果张贴出来，如“某个问题要立刻采取某种措施”“某个问题由于某某原因可以不采取措施”等。

“让大家都看得到”的意义

以往，A公司也曾要求乘务人员提交这种日报，只是没有让大家都看到，随后的对策和结果也几乎都不清不楚地不了了之了。慢慢地，也就没有人再指出异常情况了。此次，通过让大家亲眼看到所有异常情况及其对策成果，情况有了明显变化。

将乘务人员注意到的异常情况和想法张贴出来后，大家非常关心，开始共享“我也觉得这个问题很危险”“我也遇到过这种事”“这个问题是不是能够这样解决”等信息，甚至能催生出非常棒的想法。

成果方面也是一样。如果乘务人员提出的异常状况能够很快形成对策，就会鼓励其他人也主动报告异常问题。即使没有得到结果，也能激励其他人行动起来把认为危险的情况报告给公司。此外，由于工作时间不一致，A公司的乘务人员很难聚集在一起互相交流。将意见汇集后，大家可以在任何时间了解彼此的意见、加入自己的想法。

走进践行丰田模式的企业的工厂，你或许会惊讶于那里到处都贴满了各种信息。信息只有让大家看到并加以利用才有意义，这就是丰田式思维。

A 公司的分公司 B 采用的正是这种思维。分公司 B 把这种告示板命名为“可视化街区”，是一个可以看到乘务人员心声、乘客意见和老板建议的地方。为了提高火车运输的安全性，分公司 B 决心充实“可视化街区”，引得其他分公司纷纷效仿，从而使 A 公司汇集了大量的异常情况反馈信息，事故发生次数也随之减少。

收集不到信息和想法的根源不在“既没有信息又没有想法”的员工身上，而在没有认真利用辛苦收集到的信息和想法的企业风气上。

想让员工提出想法，就要把汇集起来的想法当成宝贵的资源加以利用，成为“充满想法的企业”。

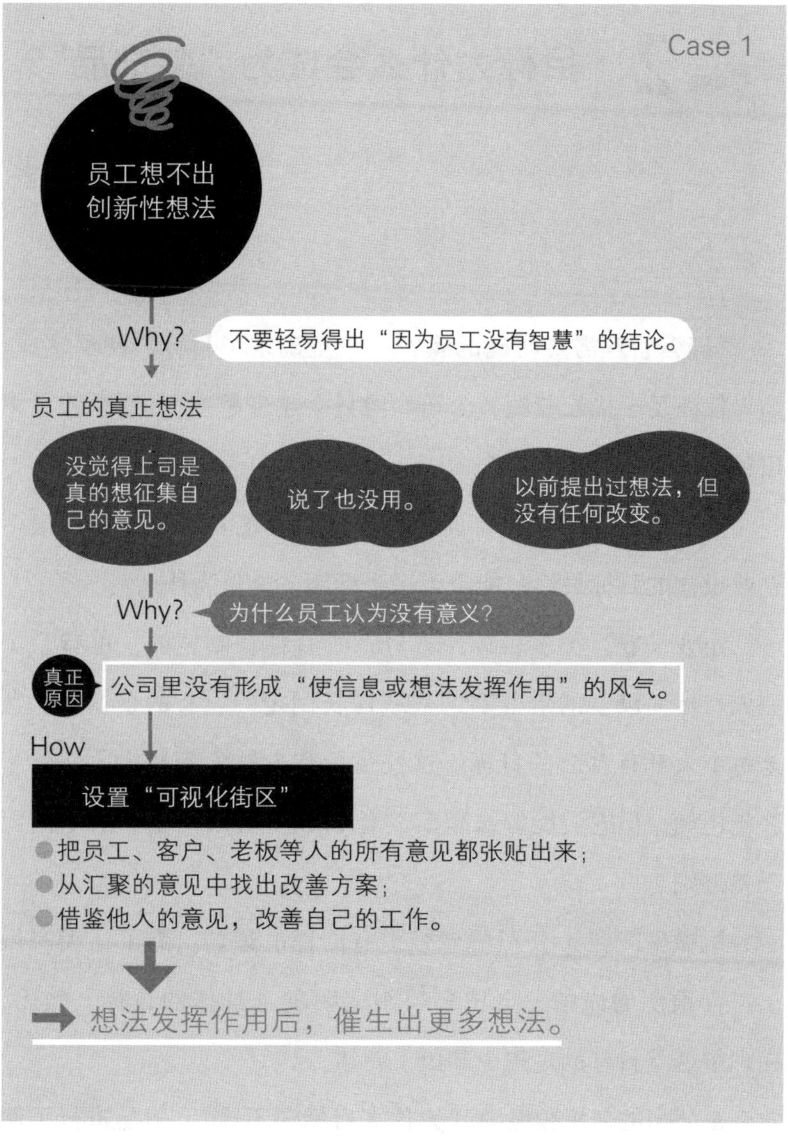
Case 1
员工想不出创新性想法
Why?
不要轻易得出“因为员工没有智慧”的结论。
员工的真正想法
没觉得上司是真的想征集自己的意见。
说了也没用。
以前提出过想法，但没有任何改变。
Why?
为什么员工认为没有意义？
真正原因
公司里没有形成“使信息或想法发挥作用”的风气。
How
设置“可视化街区”
●把员工、客户、老板等人的所有意见都张贴出来；
●从汇聚的意见中找出改善方案；
●借鉴他人的意见，改善自己的工作。
➡ 想法发挥作用后，催生出更多想法。

Case 2 目标为什么会成为“装饰品”？

“经营管理需要明确的旗帜，一旦确定了目标，就要完成。如果仅满足于描绘蓝图，公司发展只会越来越差。”这是曾任丰田社长的奥田硕的话。

为了发展，企业需要设立并完成很高的目标。然而，很多企业设立的目标最终只能沦为一个标题，这是为什么？

企业一般有很多目标和方针，既有社长制定的，也有为了完成目标而设立的事业部部长或课长制定的。有的企业里，甚至每个人都有自己的目标。这些目标和方针大都制定、发表于新年伊始，但它们能够被理解到什么程度会因为企业的不同而千差万别。

机械生产商 A 公司的老板也有同样的烦恼。为了让大家做出符合预期的成绩，上司必须制定明确且具体的目标。然而，在理解这些目标的过程中却出了差错。

A 公司的老板很疑惑“为什么目标完不成”，于是进行了调查。结果发现，原因主要出在“目标没有被广泛、深刻地理解”

且“员工对目标的关心程度不高”上。如果员工对目标的认知与关心程度很低，那么目标是不可能完成的。

A公司每年都会在新一年的年度方针发布会上向大家传达目标方针，并将其公布在公司内报上。然而员工只会在年初稍微关心一下，不久就抛之脑后了。于是，A公司的老板想了一个办法：在公司的显眼位置把所有的目标和方针都张贴出来。

张贴出来后，不仅本公司的员工能看到，合作公司的人、来工厂参观的人也都能看到。公司内部有意见称：“给自己公司的人看就算了，连外面的人都能看得到，这算怎么回事？”对此，A公司的老板是这样反驳的：

“张贴目标的首要目的是让我们公司的人能够时常意识到目标的存在。给出入本公司的合作公司的人看到，是希望对方能够意识到我们公司计划完成什么目标，并且努力协助我们。给前来参观的人看到，是想让对方意识到我们有这样的目标，他们可以放心。以农作物为例，通过了解它们是什么人、以什么样的心思种出来的，能够让采购者和食用者更放心。生产企业也是如此，只有让他们看到我们的目标、我们的工厂，才能获得他们的信任。”

达成目标需要方法

A公司不仅张贴了社长、部长、课长的目标，还把新年伊始全体员工制定的目标也张贴了出来。这么做的契机，是老板说“想看看某某课员工的目标”时，人事部却回答说“全部输入电脑了，在电脑里才能看得到”。

把目标记录在电脑里没什么问题，但这样做既浪费查找时间，又不便于将某个人的目标和其他人的目标进行比较。因此，老板提议把所有人的个人目标全都张贴出来。这样一来，大家不仅能把自己的目标与其他人的目标进行比较，还能了解每个人有什么样的目标、计划做什么样的工作。

当然，现场也有反对的声音，认为这涉及个人隐私。但A公司仍然按照老板的指示将个人目标全部张贴了出来，并且在每个人的名牌下简单写上了其年度目标。这么做的目的是让大家关心每个人的目标，如某年轻员工制定了“考取某某资格”的目标，已经具备该资格的员工可以给出如何做的建议，前辈们也能关心年轻员工为了考取资格学得怎么样了。

如果个人目标只保留在电脑中，一定不会有这样的对话沟通。通过目标可视化，大家能够互相关心彼此的目标，员工本人也会朝着目标更加努力。

此外，A公司还制定了一项关于目标的制度：**员工要坚持每天更新自己的工作目标，且下班回家后要根据工作的完成情况给自己打分。**例如，某员工某天的目标是“零不良品”，那么下班回家后他要对自己工作的完成情况进行打分，如果分数偏低，就要思考采取什么样的改善措施来接近目标。

这个目标不是上司决定的。为了提高自己的工作质量，每个人要思考什么是必需的，并为自己打分、制定改善对策。目标每天都要更新，但没必要每天都有不同的目标。可以像发明避雷针的本杰明·富兰克林那样，在多个目标中首先选定一个并进行彻底改善，待达到一定程度后再朝着另一个目标努力。当然，也可以以天或周为单位来制定目标，重点是要通过给自己打分发现改善的关键点。

有了这种机制，目标才能真正成为大家的目标，成为大家一起来完成的目标。

Case 2

目标变成了
“装饰品”

Why? 目标为什么变成了“装饰品”？

目标没有被广泛地、彻底地理解　员工不怎么关心。
目标容易被忘记。

How? 怎样才能让员工时常意识到目标的存在?

在公司里张贴 目标和方针	分享 个人目标	与其他部门 分享	每天制定 一个目标

→ 提高每个人对于目标的意识程度。

→ 形成了“大家一起完成目标”的风气。

Case 3 为什么下属面对挑战会犹豫不决?

某企业管理者A有一个烦恼：他有很多下属，但是无论他怎么鼓励大家“不要害怕失败，要勇于挑战”，也没有人愿意尝试挑战困难或者新事物。

于是，A和同期同为管理者的B说起了这一烦恼，B回答说：

“没有人挑战的原因在于你动辄不高兴，甚至会发脾气。”

听到这话，A豁然开朗。每当A听到下属报告好消息时就会非常高兴，而一听到“失败了”“合同没签下来”等坏消息时就会生气，甚至会发脾气。

因此，A的下属开始不再向A报告坏消息，或者选择延迟报告坏消息。由于下属经常看A的脸色办事，只在觉得没问题的时候才报告，所以坏消息常常无法准确、及时地传达到A这里。

就这样，无论A如何鼓励大家“不要害怕失败，要勇于挑战”，也没有下属真的相信他。大家心里明白：挑战有失败的风险，而失败的后果可能很严重，还不如不做。

A 了解到下属不愿意挑战的原因在于自己的态度和言行后开始尝试改变：收到下属的报告一律先表示感谢，即使发生了问题也不再严厉斥责，而会优先寻找原因和对策。

创新一旦成功就能获得巨大的成果，但其背后是大量的挑战与失败。正因如此，本章开头出现的企业创始人都会大力支持员工接受挑战。谷歌创始人谢尔盖·布林曾经说过："获得成功的唯一道路，就是经历多次失败。"

当然，企业不应允许因为不把工作当回事而导致的失败，也不应允许因为准备不足、注意力不集中而导致的失败。但如果挑战困难的课题失败了，还要面对上司的斥责或责任追究，员工是不会愿意接受挑战的。改善这一"改变的文化"能够在丰田扎根，正是因为丰田有一种乐观面对失败的风气。

让变化成为日常

年轻的丰田人 B 为了开发某零部件订购了美国企业生产的机床，这件事事先在公司内部传阅了会签文件，并获得了上司的许可。然而收到机床后，B 却在使用中发现了问题。那个时代和现在不同，由于信息不够畅通才导致了失败。"搞砸了"，B 不禁感慨道。他尝试和上司商量这件事，上司却说："是你说可以我们才买的，你做的事情你自己想办法解决吧！"没办法，B 只能向时任技术部门负责人的丰田英二道歉。丰田英二问他来做什么，B 说美国寄来的机床到了，但是使用时才发现没法用，他是来道歉的。当时，B的工资才几千日元，而那台机床非常昂贵。B做好了心理准备，以为自己一定会被大骂一顿。但丰田英二却问他："那你弄懂实验的原理了吗？"B回答说弄懂了，丰田英二就只回答了一句话："那就行了，这次失败就当作你的学费吧。"

丰田英二没有说一句责难的话。他只有一个条件，要认真思考失败的原因，找出对策，写成失败记录。丰田有一套丰田英二提议打造的失败记录系统。丰田英二这样解释这一系统的意义：

"这意味着，在公司里大家可以放开手脚大胆去干，即使失败了也没关系。同时也是想告诉大家，失败了要写失败报告，如果不写成报告而只是记着这个教训，就没有办法警示下一代。偶尔有些人会一脸得意地来说明情况，但其实只是又重复了一遍10年前的失败而已。"

成功则没有必要记录。一件事做成了，只要看到成果就能知道。关键是要记录失败，无论大小都要记录，并且让大家共享，传递给下一代。这样一来，即使以后公司更换了负责人，新的负责人也可以通过查看以往事例集进行确认，避免发生同样的失败。没有这种积极面对失败的态度，就无法持续进行改善。因为一次失败而被问责只会挫败人的积极性，不利于形成积极改善的公司风气。为了能让大家把变化当成日常，形成勇于挑战困难和新事物的风气，公司必须善于处理"失败"。

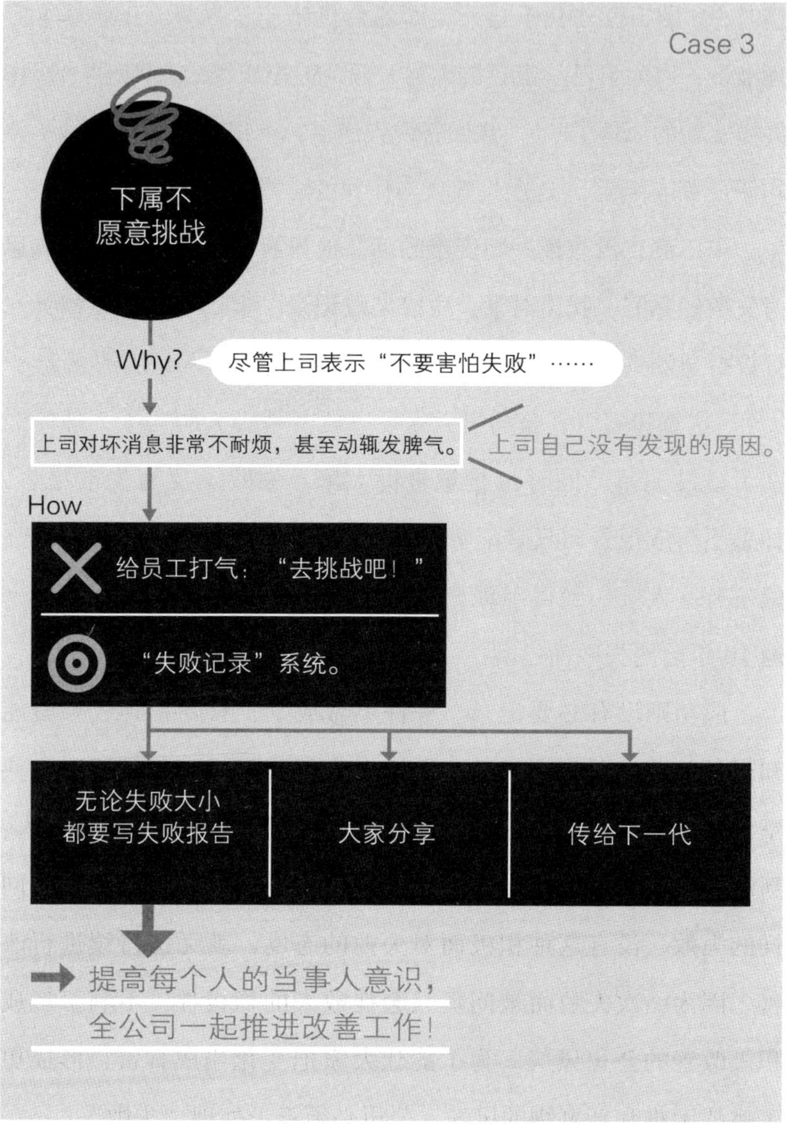
Case 3
下属不
愿意挑战
Why?
尽管上司表示“不要害怕失败”……
上司对坏消息非常不耐烦，甚至动辄发脾气。
上司自己没有发现的原因。
How
给员工打气：“去挑战吧！”
“失败记录”系统。
无论失败大小
都要写失败报告
大家分享
传给下一代
提高每个人的当事人意识，
全公司一起推进改善工作！

Case 4 不让优秀的想法消失

彼得·德鲁克有句名言:“历史书上不会出现那些在学校里表现优秀却毫无人生成就的人。”同理,世界上不也有数不胜数的尚未成形就已经流产的优秀想法吗?

对于以大众车型在全球获得成功的丰田来说,雷克萨斯是一场大幅提升丰田品牌价值的挑战。丰田的目标是打造在各方面都超过高级车的代名词——奔驰的汽车。

时任初代调查主任的铃木一郎在调查“为什么奔驰车那么冷酷”后,决定打造一款在驾驶性能等方面超过奔驰,且具有人性温暖的汽车。然而,这两点是完全相反的要素,为了同时满足这两个条件,必须开发一种与以往完全不同的划时代的引擎。

如果能实现,就能打造出理想的雷克萨斯。此时,丰田已经有非常高质量的引擎了。而为了生产铃木一郎要求的引擎,丰田需要引进更高精度的设备,这在当时甚至被批评为“绝不可能完成的任务”。

遭受到如此强烈的反对，一般的公司或许早就妥协、放弃了。即便是优秀的提案也只能胎死腹中，不可能打造出超越奔驰的雷克萨斯。

为什么很多优秀的想法来不及见到日光就破灭了？因为想法只停留在了想法层面。面对“根本做不到”“那根本不可能实现”的强烈的反对意见，铃木一郎向反对者提议道：

“我知道了。这样吧，我们试着做一台达到我要求的精度的引擎。如果连这个都做不到，我就放弃。”

即便不能量产，试制一台机器还是能够做到的。生产技术部门的董事根据要求召集了最优秀的引擎工程师，研发出了铃木一郎要求的引擎。

在汽车上搭载引擎并进行行驶试验后，结果确如铃木一郎所说，汽车不仅非常安静，燃油消耗性能也很好，非常接近丰田“理想汽车”的目标。于是，除了铃木一郎，董事和技术人员也开始研究“怎样才能实现这种引擎的量产”的问题。

据说在产品开发上，苹果公司创始人史蒂夫·乔布斯也更喜欢实际看到和拿到乔纳森·伊夫研发的全尺寸模型来研究问题，而不是只看设计图纸。判断某种想法是否可行，实际尝试远远优于纸上谈兵，前者更能让我们快速做出选择。实际看到做出来的产品后，反对者也能理性判断是好是坏、有没有什么问题。

引进丰田式改善，关键不是多花时间去想“做，还是不做”，而是要有勇气“先做一做试试”。

通常，那些感叹“拿不出优秀的改善方案”的企业有一个共同特征，那就是即便有人提出了优秀的方案，也会在反复讨论该方案能否带来改变后倾向于选择“不会改变”。

对于这样的企业，最有效的措施是成立“立即执行团队”，先做一做试试。

出现问题时，首先要试着进行改善。如果有好的想法，也要立刻付诸实践，这样才能压下“做，还是不做”的讨论。我们应当先做一做试试看，然后再根据结果下判断。

创新也需要过程

大野耐一曾经说过这样一段话：“只是一味讨论，生产一线还是会按照原来的方式进行生产，这样不可能提高生产效率。所以，我们要先尝试着去做（而不是讨论）。实际尝试后如果出现不同意见，那就双方每人一天，轮流执行自己的意见。”

对于成本较高的改善方案，确实不能轻易尝试。但对于无需经费或成本较低的改善方案，实际尝试远远好过不停讨论。通过尝试，我们能发现许多问题，如“什么地方发生了什么变化”“好在哪里”“哪里有问题”等。

通过成立“立即执行团队”落实方案，企业也能转变一直持反对、空谈意见的人的想法，让他们认识到改善方案是可行的。**随着微小改善的不断积累，大家会意识到“改善是一件好**

事”，也会慢慢减轻今后对于新想法、新提案的抵触情绪。

谷歌认为：“大多数公司创新失败的原因，在于创新从诞生到完成的过程不完善。”有很多优秀的人才、有很多优秀的创新方案，仅凭这两个条件企业无法完成创新。每一个优秀的创新项目都需要有人实际去做、去执行，要有充足的资金和人才投入。

如果没有能使这些成为可能的机制，想法就只能是想法。优秀的想法来不及见到日光的最大原因在于缺乏落实的机会，以及反对尝试的人的存在。

Case 4

为什么优秀的想法会消失?

Why?

因为没有被实践。

Why?

因为反对意见很多，如“那是不可能完成的”。

Why?

在交流过程中，想法变成了“不可能做到的事”。

如何推进优秀方案的落实?

How

成立“立即执行团队”

先试着做，再判断是否可行、有没有用。

→ 赞成的意见越来越多。

→ 优秀的想法能够被实现了!

→ 形成了不惧失败、勇于挑战的风气。

Case 5 汽车漏水问题不可能被解决吗?

“丰田式 5W1H 思考法”不仅能解决日常工作中的小问题，还能在全公司齐心协力完成的大课题上发挥作用。无论课题大小，只有在面对问题时反复思考“为什么”、采取根本性措施不断改进，才能解决原以为不可能解决的问题。

丰田某工厂曾经进行过名为“LESS 活动”的挑战活动，目的是清除被制造业一直当成常识的作业。该工厂首先挑战的是 SHOWERLESS，即“去淋浴测试”。在车辆组装中，一般最后一道工序是检查汽车是否漏水，而此次挑战的目的就是去除这道工序。

汽车漏水会给客户造成很大困扰，不仅要花费时间和金钱进行修理，还会给客户造成很大的心理阴影，大幅降低客户对车辆、对企业的信任度。毕竟，客户买车是花了大价钱的。

为了防止这样的事情发生，该工厂首先调查了汽车是否存在漏水情况，然后用多个喷嘴向整辆汽车喷洒大量的水进行“淋浴测试”。

但是，这种“淋浴测试”存在一个问题：由于汽车漏水的原因不止一个，且即使检查出问题也已经是组装完成后的第二天（汽车车身的生产从开始到完成至少需要一天的时间），所以难以追查漏水原因，更不用说采取有效的工序改善措施了。

尽管丰田模式中有“出现不良品要立刻停下生产线”“要在现场捕捉不良情况的发生”等规则，但一旦过了时间点，这些规则便无法发挥作用了。

值得注意的是，汽车漏水的原因是多方面的。例如，仅后备厢周围发生的漏水原因，就可能是焊接口漏洞、涂装上的封口漏洞、组装时橡胶挤塞不到位、零部件变形等。这种情况下，丰田式做法中的溯源对策很难发挥作用。

此外，即使是质检合格的车辆，密封橡胶的轻微错位也可能导致汽车状况随着时间的推移发生变化，甚至导致漏水。又或者，长期下雨也会导致雨水从微小的孔隙中渗入汽车内部。诸多原因让人越想越觉得无从下手，这也是解决汽车漏水问题的难点所在。

汽车漏水问题可以说是“投诉重灾区”之一，解决起来相当困难。但如果车企一直被“汽车生产上淋浴测试必不可少”“汽车漏水问题要通过淋浴测试来发现”等常识束缚住，那么汽车漏水问题永远都得不到彻底解决。

质检之所以有必要，是因为过程工序中出现了问题。反之，如果能够通过彻底改善焊接、组装等工序来杜绝汽车漏水问题发生的可能性，就不需要再进行最终检查了。按照丰田式思维，生产线上的员工应当通过改善工序来使整个生产过程都是“○（全部没问题）”，而不是通过检查来打“○”“×”判断好坏。

实际上，这是一个非常困难的计划。丰田某工厂的管理者问：“我们真的能做到吗？”一线负责人的回答是：“如果真做到了，那将是全世界独一无二的。我们干脆挑战一下试试吧！”

从“为什么”中诞生的2000项改善

于是，改善活动扩大到了整个工厂。这个大型项目中，需要思考“为什么”的对象范围很广。丰田对可能与汽车漏水问题相关的所有项目，包括零部件组装的难易程度、冲压品的精度、密封层的涂抹情况、点焊的小孔和购入的零部件的精度、人工失误等进行了“为什么会发生漏水问题”“怎样才能防止发生漏水问题”的思考，并回顾了所有尚有改进余地的地方。结果，丰田进行了约2000项改善。

最终，丰田实现了“不用进行淋浴测试也能保证汽车不漏水”的目标，成功完成了大家都认为不可能实现的挑战。

解决大型课题需要打破组织壁垒，对所有相关问题询问“为什么”。或许有人认为这样做很麻烦，还是现在的做法好，但这的确是企业改革过程的必经之路。

与去除淋浴测试活动一样，丰田集团在开展旨在将产品成本削减一半的“COST HALF”活动时也会对所有与生产相关的问题思考“为什么”，重新审视所有情况。正是这种机制，让丰田无论在什么时代都能保持压倒性优势。

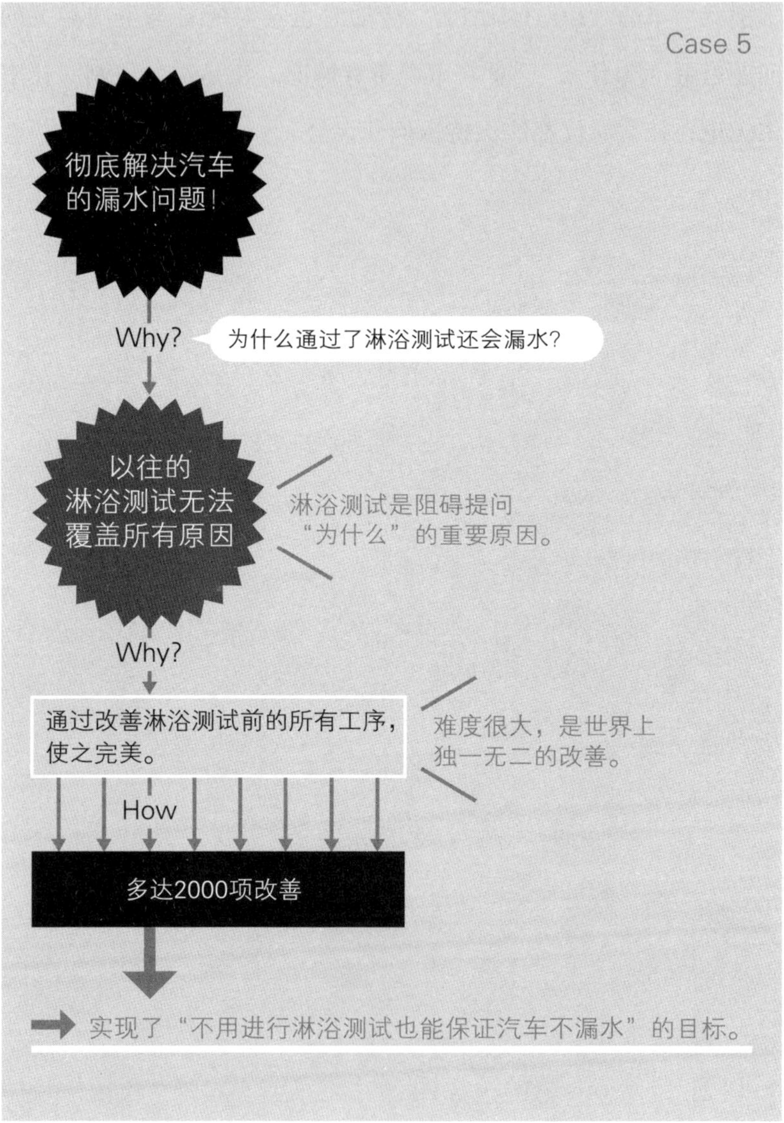
Case 5
彻底解决汽车的漏水问题！
Why?
为什么通过了淋浴测试还会漏水？
以往的淋浴测试无法覆盖所有原因
淋浴测试是阻碍提问“为什么”的重要原因。
Why?
通过改善淋浴测试前的所有工序，使之完美。
难度很大，是世界上独一无二的改善。
How
多达2000项改善
实现了“不用进行淋浴测试也能保证汽车不漏水”的目标。

Case 6 突破极限的方法

丰田模式中有一个说法：只会喊加油的不是管理者，而是啦啦队。在挤出“最后一点”力量时，每个人的“加油”都是一股巨大的力量。这种说法绝不是在否认应援团的意义，而是在说组织管理者的问题。

丰田对管理者的要求不是能够“努力加油干”，而是会思考“不努力也能做出成果的方法”。

例如，生产一线的管理者要做的是观察工作中的工人的工作姿势，询问“为什么采取这种做法”，思考“有没有更轻松的工作方法”。如果一名管理者来到生产现场却没有发现任何问题，没有采取任何改善措施，也没有进行任何指导，只会喊口号让大家“加油”“再加把劲”，那一定是管理者的失职。

同样，只会向下属喊话，要求他们“再想想办法”“要进行创新”的管理者，也是失职的管理者。如果下属想不出办法，管理者应该问一问“为什么想不出主意来”“为什么没有新想法”。

想不出办法一定是有原因的。而为了激发智慧，管理者需要下一番功夫。

吉田健曾经担任过第九任卡罗拉调查主任，之后成为铃木一郎的下属，从事雷克萨斯的开发工作。吉田健在泰国为当地开发亚洲战略车“SOLUNA”时发生过一个故事。

“SOLUNA”是为发展中国家泰国开发的新车型，要求造价远低于卡罗拉，并且能够卖出去。但在当时的丰田人的概念里，卡罗拉已经是按最低水准生产的车型了。所以，无论吉田健如何强调“要想办法生产更便宜的汽车”，所有人给出的回应依旧是“不可能”。

吉田健很好奇大家为什么想不出办法，于是决定“故意生产一辆非常便宜、晃晃荡荡的汽车”。那是一辆根本无法与卡罗拉相比的汽车，大家甚至一致认为那根本不能算是汽车。于是，开发人员围着这辆车，纷纷提出了自己的想法。

“无论多便宜，汽车至少应该是这样的。”

“车身必须得想办法改进一下。”

“汽车悬架的质量还得再提高点儿。”

不久，极富建设性的意见也相继被提出，如“这里这样做能使汽车既便宜又优质”“这样做能让客户更满意”等。最终，吉田健成功达成了目的，“SOLUNA”的开发也终于走上了正轨。

要想激发大家的才智，创造一种**“使人容易诞生想法的机**

制”很重要。大野耐一的口头禅是“没有问题，就没有智慧”，而管理者不仅要提出问题，有时也要降低问题的难度。

年轻的大野耐一在思考标准化作业问题的过程中曾过于追求理想，催生了一些偏离现实的想法。那些想法的确非常出色，但太过追求完美，在现实中根本无法正常发挥作用。最终，大野耐一改变了想法，提出：

“标准化作业可以再简单一些。”

当然，这并不意味着随便什么样的想法都可以。想法稍微简单点既有利于实际操作，又能在操作过程中像吉田健一样催生新想法。例如，“这里这样做是不是更好点”“这里操作起来有点困难，可以这样做”，等等。这样一来，标准化作业将不断更新，员工们回过神来会发现，这些想法已经远远超出了“理想”，而且能够实际操作。

当下属没有按照指示行动，或者没有如期待般提出方案时，有些管理者会怒骂“怎么尽是些废物”，甚至干脆放弃。但在此之前，管理者应该做一件事。

当希望更进一步实现更高目标却不顺利时，多数情况下是因为企业不具备使人容易想出方案的机制。管理者的重要职责，正是建立一种大家都想主动发挥自己才智的机制。

Case 6

想制造一款比卡罗拉还便宜的汽车！

↓

始终没有进展。

Why?　为什么做不到？

想不出制造这种汽车的方法。

Why?

“卡罗拉已经是低价车的天花板了。”
“不可能比卡罗拉还便宜”的想法成了阻碍。

How　为了让大家想出改善对策

故意生产一辆非常便宜、晃晃荡荡的汽车，结果……

再怎么说，这样也太……

车身可以再……

至少汽车悬架可以……

→ 得到了很多建设性的意见。

↓

→ 廉价汽车“SOLUNA”诞生。

Case 7 通过询问“为什么”，将市场占有率提高4倍

最后，介绍一个将某领域主力商品的市场占有率从 20% 提高到 80%（4 倍）的事例。

A 公司的工厂在当地极富影响力，既是优良工厂，又兼作母公司主力商品的销售代理店。而现实是，它在当地的市场占有率非常低，仅有 20%。从母公司调任 A 公司社长的 B 对此非常惊讶，召集 A 公司的所有干部问道：“为什么市场占有率这么低？”得到的回答是：

“A 公司以生产为主，销售不是我们的专长，这种程度的市场占有率说明我们已经非常努力了。

“这片区域非常大，以现在的销售人员人数来说根本不可能覆盖得过来。如果不增派人手，恐怕很难提高市场占有率。”

诚然，出现“营业额无法提升”“市场占有率低”等问题时，多数情况下都存在“销售人员不够”“销售人员不够努力”等因素。A 公司干部的意思是销售人员太少，无法覆盖广阔的地区范围，忽视这一点而要求“提高市场占有率”是不合理的。

B 对这种常见的回答持有疑问，于是决定按照自己的方式调查销售人员平时的工作方式、能力和成绩。

任何事情都是这样，他人的评价、他人的意见不一定都是正确的，也不一定都是事实。当然，这并不意味着那些都是谎言，但受“就是这样的吧”“这样也可以吧”“现在也在努力啊”等想法的迷惑，真相时常会被扭曲。

所以，思考“为什么”时不能先入为主，必须以白纸般的眼光实事求是地看待事实，舍弃“一定是这样的”“这样做一定没错”的预设，切实调查和思考，这样才能找出问题的真正原因，得出真正能解决问题的对策。

最终，B 找出了以下四个原因：

(1) 销售人员中既有优秀的，也有不积极、没干劲的，完全算不上是精锐团队；

(2) 销售人员都能在广阔的区域里随意移动，导致一天里有的人大半时间都浪费在了路上，有的人一天只能拜访两三家客户；

(3) 营业方式以无预约、突然拜访新客户为主，成交率远不足 10%，效率非常低下；

(4) 正如 A 公司干部所说，公司里弥漫着“生产才是主要工作，销售不是自己的工作”的氛围。

这种情况下，无论 B 怎样呼吁员工努力提高市场占有率，都不可能改变事实。于是，B 针对市场占有率无法提升的四个原因采取了以下四项措施。

(1) 营业成绩不是大家集体做出来的，前几位优秀销售人员支撑起了大半部分营业额。B 没有像干部说的那样通过增加人手来提高营业额，而是通过限定销售人员人数来使营业队伍精锐化。

(2) 要想让销售人员覆盖整个广阔区域，必须下一番功夫。通过改善每名销售人员的负责区域和约定方式，使销售人员每天能走访两三家，甚至十家以上的客户。

(3) 突然拜访新客户的销售方式效率很低。B 利用 A 公司在当地的广泛人脉进行营销宣传，将突然拜访新客户的销售模式转变成营销宣传的模式，从而使成交率有了大幅提高。

(4) A 公司以往存在轻视营业的倾向。B 通过灌输“销售是举全公司之力的综合实力战”的认知，成功制定了全员支持销售人员工作的机制。

最终，这些措施成功地使 A 公司的当地市场占有率提升到了原来的 4 倍。如果 B 没有思考“为什么”，直接把干部列举的原因当成市场占有率低的真正原因，采取增加销售人员的策略，那么 A 公司的市场占有率即便多少有些提高，也会因为增加了人工费而使利润降低。

我们在直面课题时，要谦虚、坦率地看待问题，认真思考“为什么”。这样得到的答案或许与常识不符，但能够引发变革的改革多数都是偏离常识的，这绝不少见。

综上所述，能否引发变革取决于如何思考“为什么”，以及有多大的耐心来追问“为什么”。

Case 7

为什么市场占有率这么低？

Why？ 公司明明是当地的优良工厂，为什么？

听取内部意见发现……

- “我们以生产为主，销售不是我们的专长。”
- “地区范围太广了，销售人员太少了。”

要怀疑“常见的回答”！

Why？ 这些真的是原因吗？

进一步调查发现：

- 确实有不擅长做销售的人，团队不精锐；
- 地区范围确实很广，浪费在路上的时间比较多；
- 采取的是效率很低的、突然拜访新客户的工作模式；
- “销售不是我们的工作”，这种思想意识蔓延；
- 地区范围广，但销售人员很少。

How

精简人数，使团队精锐化	调整负责区域	放弃突然拜访新客户的工作模式，改为营销宣传	营业的综合战斗力和背后的支持

➡ 曾经只有20%的市场占有率提高到了80%！

第5章 总结 创新离不开“风气”

本章主要介绍了几个关于创新的事例，在此总结创新的两个必要因素。

① 相信大家的智慧

有句话是“把几个不同领域的人聚集起来等于一个天才”，其中包含了对“人”的强烈信任：即使没有像莱昂纳多·达·芬奇那样的万能天才，通过汇集拥有各种才能、知识和经验的人，面对一个课题群策群力，也一样能把事情做成。

丰田汽车的象征是“1000个人每人走一步，而不是一个人走1000步”。丰田认为，虽然天才的100步非常大，但如果每个人都能踏踏实实向前走好每一步，经历过1.1、1.2式的成长，终会超越天才。

想要进行创新，关键是要先思考如何激发大家的智慧、如何使其汇集成更大的智慧，而不是祈祷天才的出现。“想不出办法”的真正原因在于上级不相信下属的智慧，且缺乏激发下属智慧的智慧。

1 相信大家的智慧

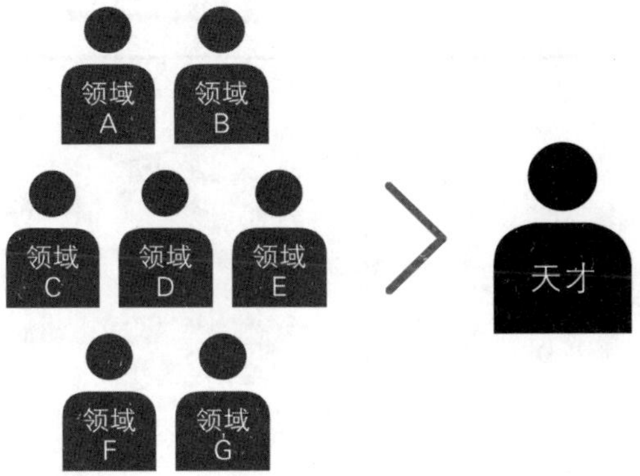

② 实现理想需要行动

无法完成创新的原因之一是没有采取行动。丰田英二曾经说过：

"公司的所有行动都要集中在一个目标上。无论是什么样的理想，实现不了就只能是理想。而想要实现理想，就必须采取行动。我们的行动中有过很多次失败，但失败会逐渐转化为下一次的行动，我们必须努力直到达成目标。当然，达成目标的途径，就是使用并实践所有的方法。"

由此可见，行动、失败和进一步行动对于创新至关重要。

2 实现理想需要行动

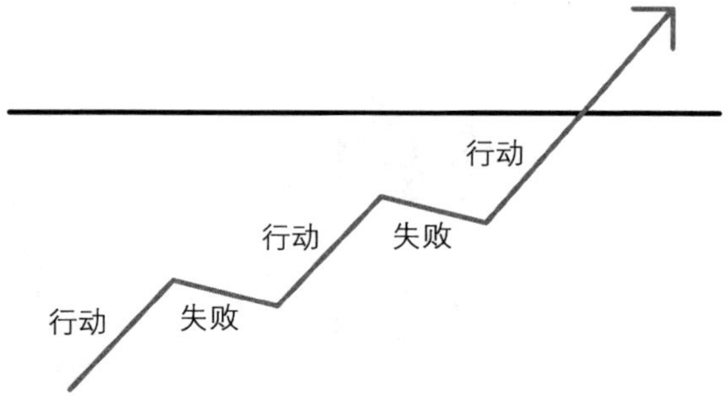

结束语

本书执笔之际，除了笔者自己的采访，还参考了以下日文书籍和杂志，在此致以深切谢意。

参考文献：

『トヨタ生産方式』大野耐一著、ダイヤモンド社

『大野耐一の現場経営』大野耐一著、日本能率協会マネジメントセンター

『トヨタ式人づくりモノづくり』若松義人・近藤哲夫著、ダイヤモンド社

『「トヨタ式」究極の実践』若松義人著、ダイヤモンド社

『使える！トヨタ式』若松義人著、PHP 研究所

『ザ・トヨタウェイ』ジェフリー・K・ライカー著、稲垣公夫訳，日経 BP 社

『誰も知らないトヨタ』片山修著、幻冬舎

『トヨタの方式』片山修著、小学館文庫

『常に時流に先んずべし』PHP 研究所編、PHP 研究所

『豊田英二語録』豊田英二研究会編、小学館文庫

『トヨタ経営システムの研究』日野三十四著、ダイヤモンド社

『トヨタ式仕事の教科書』プレジデント編集部編、プレジデント社

『トヨタシステムの原点』下川浩一・藤本隆宏編著、文眞堂

『トヨタ新現場主義経営』朝日新聞社著、朝日新聞出版

『トヨタ生産方式を創った男』野口恒著、CCCメディアハウス

『トヨタの世界』中日新聞社経済部編著、中日新聞社

『人間発見私の経営哲学』日本経済新聞社編、日経ビジネス文庫

『自工程完結』佐々木眞一著、日本規格協会

『椅子とパソコンをなくせば会社は伸びる！』酒巻久著、祥伝社黄金文庫

『物事は単純に考えよう』池森賢二著、PHP 研究所

『1 分間松下幸之助』小田全宏著、SB クリエイティブ

『加賀屋の流儀』細井勝著、PHP 研究所

『工場管理』1990 年 8 月号

『日経ビジネス アソシエ』2004 年 11 月 16 日号

『週間東洋経済』2006年1月21日号

『週間ダイヤモンド』2002年12月7日号

『日经ビジネス》2000年9月18日号、2008年1月7日号

另外，本书的企划与编辑得到了角川株式会社松原MARI先生的得力协助，在此深表感谢。

最后，由衷感谢若松义人先生（已故），是先生让我懂得了丰田模式的优秀和人类智慧的伟大。

“精益制造”专家委员会

齐二石　天津大学教授（首席专家）

郑　力　清华大学教授（首席专家）

李从东　暨南大学教授（首席专家）

江志斌　上海交通大学教授（首席专家）

关田铁洪（日本）　原日本能率协会技术部部长（首席专家）

蒋维豪（中国台湾）　益友会专家委员会首席专家（首席专家）

李兆华（中国台湾）　知名丰田生产方式专家

鲁建厦　浙江工业大学教授

张顺堂　山东工商大学教授

许映秋　东南大学教授

张新敏　沈阳工业大学教授

蒋国璋　武汉科技大学教授

张绪柱　山东大学教授

李新凯　中国机械工程学会工业工程专业委会委员

屈　挺　暨南大学教授

肖　燕　重庆理工大学副教授

郭洪飞　暨南大学副教授

毛少华　广汽丰田汽车有限公司部长

金　光　广州汽车集团商贸有限公司高级主任

姜顺龙　中国商用飞机责任有限公司高级工程师

张文进　益友会上海分会会长、奥托立夫精益学院院长

邓红星　工场物流与供应链专家

高金华　益友会湖北分会首席专家、企网联合创始人

葛仙红　益友会宁波分会副会长、博格华纳精益学院院长

赵　勇　益友会胶东分会副会长、派克汉尼芬价值流经理

金　鸣　益友会副会长、上海大众动力总成有限公司高级经理

唐雪萍　益友会苏州分会会长、宜家工业精益专家

康　晓　施耐德电气精益智能制造专家

缪　武　益友会上海分会副会长、益友会/质友会会长

东方出版社

广州标杆精益企业管理有限公司

標杆精益®
BENCHMARK LEAN

人民东方出版传媒
People's Oriental Publishing & Media
東方出版社
The Oriental Press

东方出版社助力中国制造业升级

定价：28.00 元

定价：32.00 元

定价：32.00 元

定价：32.00 元

定价：32.00 元

定价：32.00 元

定价：30.00 元

定价：30.00 元

定价：32.00 元

定价：28.00 元

定价：28. 00 元

定价：36. 00 元

定价：30. 00 元

定价：32. 00 元

定价：32. 00 元

定价：32. 00 元

定价：38. 00 元

定价：26. 00 元

定价：36. 00 元

定价：22. 00 元

定价：32.00 元

定价：36.00 元

定价：36.00 元

定价：36.00 元

定价：38.00 元

定价：28.00 元

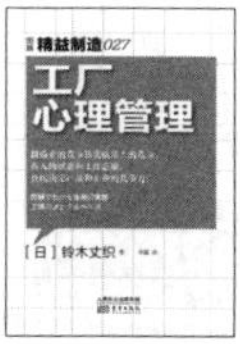

定价：38.00 元

定价：36.00 元

定价：38.00 元

定价：36.00 元

定价：36.00 元

定价：46.00 元

定价：38.00 元

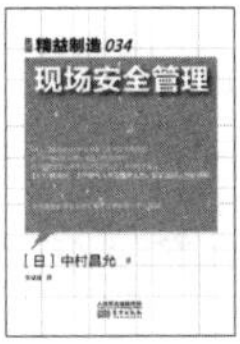

定价：42.00 元

定价：49.80 元

定价：38.00 元

定价：38.00 元

定价：38.00 元

定价：45.00 元

定价：52.00 元

定价：42. 00 元

定价：42. 00 元

定价：48. 00 元

定价：58. 00 元

定价：48. 00 元

定价：58. 00 元

定价：58.00 元

定价：42.00 元

定价：58.00 元

定价：58.00 元

定价：58.00 元

定价：58.00 元

定价：58.00 元

定价：58.00 元

定价：58.00 元

定价：68.00 元

定价：68.00 元

定价：68.00 元

定价：68.00 元

定价：68.00 元

定价：68.00 元

定价：68.00 元

定价：58.00 元

定价：88.00 元

定价：136.00 元（上、下册）

定价：136.00 元（上、下册）

定价：68.00 元

近冈裕、山崎良兵、野々村洸：

数字孪生制造：

技术、应用 · 10 讲

创新的零成本试错之路，智能工业化组织的必备技能

吉田胜：

超强机床制造：

市场研究与策略 · 6 讲

机床制造的下一个竞争核心，是提供“智能工厂整体优化承包方案”

吉田胜、近冈裕、中山力，等：

只做一件也能赚钱的工厂

获得属于下一个时代的，及时满足客户需求的能力

吉田胜：

商用智能可穿戴设备：

基础与应用 · 7 讲

将商用可穿戴设备投入生产现场

拥有快速转产能力，应对多变市场需求

吉田胜、山田刚良：

5G 智能工厂：

技术与应用 · 6 讲

跟日本头部企业学

5G 智能工厂构建

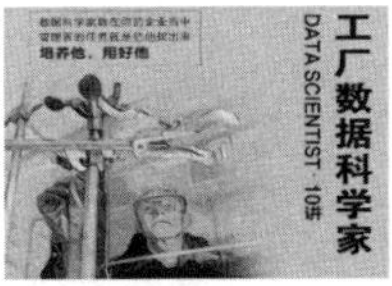

木崎健太郎、中山力：

工厂数据科学家：

DATA SCIENTIST · 10 讲

从你的企业中找出数据科学家

培养他，用好他

中山力：

增材制造技术：

应用基础 · 8 讲

更快、更好、更灵活

——引爆下一场制造业革命

内容合作、推广加盟

请加主编微信